廉鉴

与一切腐败行为作斗争

李军燕 郑 爽◎编著

人民日报出版社

图书在版编目（CIP）数据

廉鉴：与一切腐败行为作斗争／李军燕，郑爽编著.
--北京：人民日报出版社，2024.10
ISBN 978-7-5115-7995-9

Ⅰ.①廉… Ⅱ.①李…②郑… Ⅲ.①中国共产党-廉政建设-学习参考资料 Ⅳ.①D261.3

中国国家版本馆 CIP 数据核字（2023）第 181200 号

书　　名：	廉鉴：与一切腐败行为作斗争
	LIANJIAN：YU YIQIE FUBAI XINGWEI ZUO DOUZHENG
作　　者：	李军燕　郑　爽
出 版 人：	刘华新
责任编辑：	刘天一
封面设计：	陈国风
出版发行：	人民日报出版社
地　　址：	北京金台西路 2 号
邮政编码：	100733
发行热线：	（010）65369527　65369846　65369509　65369510
邮购热线：	（010）65369530　65363527
编辑热线：	（010）65363105
网　　址：	www.peopledailypress.com
经　　销：	新华书店
印　　刷：	北京柯蓝博泰印务有限公司
开　　本：	170mm×240mm　1/16
字　　数：	180 千字
印　　张：	13.5
版次印次：	2025 年 1 月第 1 版　2025 年 1 月第 1 次印刷
书　　号：	ISBN 978-7-5115-7995-9
定　　价：	65.80 元

序

"路虽远，行则将至；事虽难，做则必成。"一个政党或一个政权，只有为政清廉才能取信于民，只有秉公用权才能赢得人心。历史经验表明，坚决惩治和有效预防腐败，不仅事关社会风气和公平正义，还关系人心向背和执政党的生死存亡，是我们党必须始终抓好的重大政治任务。只有深刻认识到党风廉政建设和反腐败斗争的现实意义和战略意义，筑牢思想防线，涵养清风正气，才能有助于我们统一思想、坚定信念、鼓舞斗志，以永远在路上的坚韧和执着全面从严治党，坚定不移地把反腐败斗争进行到底，从而为实现中华民族伟大复兴的中国梦提供有力的政治保障。

反腐败斗争推进了廉洁家风建设的持续深化发展。对于党员干部来说，生活是工作的基础，生活上做不到自觉自律，工作中就难以做到清正廉明，加强自律关键是在私底下、无人时、细微处能否做到慎独慎微。党员干部的"后门"是易发生贪腐现象的重灾区，所以提高警惕，看紧家门，树立廉洁家风，管好身边人、管好亲朋好友，让家属也具有廉洁意识，常吹"廉洁风"、常念"廉洁经"是确保"小家清廉、大家海晏河清"的关键。

本书语言生动、案例翔实，从自我意识、党规党纪、个人生活习惯，以及家庭、交友、从业等方面剖析贪污腐败是如何渗透到我们生活、工作的各个方面，并阐述了加强自身道德修养和廉洁自律的重要性。希望广大读者能够从中读有所获、读有所悟。

本书第一章到第七章由李军燕编著，字数约14万字，第八章到第九章由郑爽编著，字数约4万字。

目 录

第一章 洁身自好,反腐从我做起

1. 做一个爱惜名誉的人　　/ 003
2. 消除内心欲念,以不贪为宝　　/ 006
3. 加强修养,擦亮清廉底色　　/ 011
4. 养一身浩然之气　　/ 015
5. 以廉明志,洁以修身　　/ 019
6. 清白做人,坦荡为官　　/ 023
7. 保持平常心,学会放下　　/ 028

第二章 严守制度,莫违党规党纪

1. 制度如"火炉",越界必"焚身"　　/ 033
2. 心怀敬畏,制度不是"纸老虎"　　/ 036
3. 遵制度、守法令,勿陷贪腐泥潭　　/ 039
4. 慎用权,用好权　　/ 042
5. 公私有别——用权以廉、持身以正　　/ 046
6. 遵规守矩,做个"明白人"　　/ 049

第三章 自省自查，增强廉洁意识

1. 自律是助廉防腐的利器 / 057
2. 严于律己，坚守清廉 / 061
3. 抵住诱惑，把欲望关进牢笼 / 066
4. 自省吾身，保持清醒的头脑 / 070
5. 坚持"六慎"，克己复礼 / 074
6. 剖析自我，坚定信仰 / 078

第四章 防患未然，勿让恶习缠身

1. 不玩物丧志，以防陷入腐败深渊 / 085
2. 不攀不比，端正自己的态度 / 089
3. 不高调张扬，甘做人民公仆 / 093
4. 不吃拿卡要，管住自己才能行稳致远 / 096
5. 不贪占便宜，大贪皆由小贪来 / 101
6. 不贪恋情色，守住内心不越界 / 105
7. 不沾染赌博，远离贪腐陷阱 / 109

第五章 以廉立德，创建廉洁之家

1. 端正家风，清廉是对家人最大的爱 / 117
2. "廉内助"是最有效的"防腐剂" / 122
3. 言传身教，做好廉洁带头人 / 125
4. 消除特权思想，争做廉洁子女 / 128

5. 讲亲情、守原则、重廉洁　/ 131

第六章　谨慎交友，不碰贪腐红线

1. 君子之交，重情不重利　/ 139
2. 学会拒礼：礼下之人，必有所求　/ 143
3. 交友重德，不生祸端　/ 146
4. 严防"黑友"，避免堕入腐败泥沼　/ 149
5. 打造干净的朋友圈　/ 152

第七章　以俭养廉，永葆朴素本色

1. 节俭是一种态度，廉洁是一种力量　/ 157
2. 奢侈享乐是滋生腐败的温床　/ 160
3. 牢记"两个务必"，树立节俭之风　/ 164

第八章　廉洁从业，争做岗位先锋

1. 尽职尽责，不忽视每一件小事　/ 169
2. 忠于职守，不做队伍里的蛀虫　/ 172
3. 拒腐防变，不失职渎职　/ 175
4. 警惕"身边人"，永葆廉洁心　/ 179
5. 不义之财不可取，不法之事不可为　/ 183

第九章 激浊扬清，筑牢廉洁防线

1. 正风反腐是永恒的时代主题 / 189
2. 修身慎行，恪守"从政八德" / 192
3. 防止权钱交易，守住廉洁底线 / 196
4. 坚决不搞特殊化 / 199
5. 让廉洁成为一种习惯 / 202
6. 不忘初心、牢记使命 / 205

第一章

洁身自好，反腐从我做起

"正风反腐，人人有责"，这应该成为每个人洁身自好的处世标准。反腐从来不只是党员干部的事，如果每个人都能洁身自好，自觉反腐，又怎么会有腐败的发生呢？反腐从我做起，在思想上筑牢反对腐败的防线，是正本清源的关键所在。

1. 做一个爱惜名誉的人

诗经有云："白圭之玷，尚可磨也；斯言之玷，不可为也。"意思是说，白玉有了瑕疵，只要稍微琢磨还能变干净，但说的话出了毛病，就很难挽回。换句话说，一个人的名誉一旦出了问题，就难以弥补。莎士比亚说："无瑕的名誉是世间最纯粹的珍珠。"

从正风反腐、拒腐防变的角度看，那些真正爱惜自己"羽毛"的人会远离腐败。他们知道名誉对一个人意味着什么，失去了名誉就如同树失其根，即使枝繁叶茂，也会很快枯萎凋零。所谓"毁名容易树名难"，一个没有高洁品格的人，往往会被糖衣炮弹击垮，毫无反抗之力。相反，那些品端行正、志存高远的人，无一不是时刻检点个人言行，永葆名誉清白的人。

☆☆☆☆☆☆☆☆☆☆☆☆☆☆☆☆☆☆☆☆☆☆

陆绩是三国时期有名的儒将，是一名廉官。

陆绩在岭南郁林郡任职太守时，为官清廉，两袖清风，爱惜民力，肃贪拒贿，非常重视个人名节。任期将满时，他辞官回乡孝养父母。离任时，他只带走了几箱书，除此之外别无他物。他需要乘船返乡，但因为所乘的船太轻，抵不住风浪，所以他特地买来两大瓮咸菜和一担笋干，可仍然压不住船头。无奈之下，他只好让船夫找来一块巨石放在船头。

当时的郁林郡虽然经济落后，却是个出产奇珍异宝之地，珍珠、翡翠、琉璃、玳瑁等应有尽有。陆绩之前的每任官员在离任之时都会满载而归，唯独陆绩清正廉洁，没有多余的财物。

回到乡里，百姓无不称颂其廉洁，陆绩也心生感念，让人将那块巨石搬到了宅院，并写"郁林石"三个字镌刻在石头上。陆家后代子孙更将"官无长物唯求石"当成家训，世代相传。

"廉石归乡"也成了历代清廉官员廉洁从政、洁身自爱的象征。当时，还有人专门写下一副对联来称颂陆绩的廉洁：

太守清廉囊自空，任满辞官，只能买一担干竹笋，两瓮腌咸菜。虽说行李萧然，却远胜衣锦还乡；

破浪航行船须重，为保平安，急寻来八百斤巨石，千里压舱底。莫道富贵无缘，偏赢得世代流芳。

时至今日，这块"廉石"矗立依旧，"廉石"精神也代表着一种崇尚"廉俭""厚德"的力量，更彰显着陆绩一生清廉的人格魅力。

在廉政建设中，广大党员干部必须牢记廉洁从政的初心，这不单单是个人的事，更关系到一个国家、一个民族的兴衰存亡。

名誉如同一个人的名片，党员干部必须把好"名誉关"，做到惜名誉、守名誉，坚决不做毁名誉的事情。《墨子·修身》中说："名不徒生，而誉不自长，功成名遂。名誉不可虚假，反之身者也。"一个人的名誉是靠自己端正的品德、正直的行为换来的，我们必须知道应该做什么，不该做什么，明辨是非，守护自己的名誉。

鲁国宰相公仪休为官清廉，一身正气，始终坚守干净做人的道德底线，特别是他"不受人鱼"的品质为后世所称颂。

公仪休特别喜欢吃鱼,几乎餐餐饭菜都要有鱼。当上宰相后,很多人都给他送鱼,但他从来不收,即便亲友相送也不例外。一次,他和学生正在谈话,外面有人送来了一筐活鱼,公仪休婉言谢绝了。

学生疑惑不解,问道:"先生,您不是很喜欢吃鱼吗?他们特地给您送上好的新鲜活鱼,您为什么不收下呢?"公仪休回答:"正因我爱吃鱼,才不能收下他们送的鱼。常言道'礼下于人,必有所求'。他们送鱼给我是有求于我。倘若我喜欢书画,他就会给我送书画。今天我收下了他们的鱼,难保他日不会收他们送来的玉质鱼盘,之后还可能收下金子做的鱼盆。这样下去,最终我会成为钱财的奴隶,会被送礼者彻底俘虏,什么事情都要为他们做了。这样一来,我就会违反法令,一旦触犯法令,被罢了官,我还哪里吃得上鱼呢?所以,即便再喜欢我也不能收下。而今我身为宰相,所得的俸禄足够我买鱼,我现在想吃就可以自己买,不是一直都能吃到鱼吗?"

学生听完公仪休的话,连连点头:"对啊,送礼的人为了达到个人目的才投其所好。如果您因为喜好之物误入歧途,必然会毁掉名誉啊!"

✱✱✱✱✱✱✱✱✱✱✱✱✱✱✱✱✱✱✱✱✱✱✱✱✱✱

孟子说:"人有不为也,而后可以有为。"一个人只有严于律己,把名誉看得比生命还重要,才能抵挡住诱惑,不为私欲破坏原则,不为私利触犯法律。

党员干部要执着于高尚情操的追求,不随波逐流、不同流合污,保持清正廉洁的政治本色,自觉地用高尚的道德规范约束自己的言行,杜绝一切有损个人名誉的行为。少数以为手中有权便可以无法无天、肆意妄为的党员干部,就是干部队伍中的蛀虫,既会侵蚀团队,个人也会慢慢地被贪欲所吞噬，终究会自食恶果，不但失去个人名誉，甚至身陷囹圄，丧失自由。

一名合格的党员干部要有使命感，要珍惜身为党员的荣誉感，要甘于奉献，约束自身言行，这样才能得到党和国家及人民的信任，才能无愧于时代、无愧于人民，真正成为被人民尊敬和称颂的"公仆"。

2. 消除内心欲念，以不贪为宝

《小窗幽记》中有："万分廉洁，止是小善；一点贪污，便为大恶。"意思是说，一万分的廉洁，也只是平时小小的行善，但只要有一点贪污，便罪无可赦。

古往今来，人们对于贪官都极为痛恨，他们贪的都是国家和人民的财物，是不折不扣的"国家蛀虫"。廉洁奉公本应是官员的分内之事，一旦内心的贪欲暴露出来，不但分内事难以做到，还会危害他人的权益。

人有欲望是正常的，适当的欲望会成为动力，会让人主动树立目标。只是，欲望应当有限度、有范围，过了界就会变成"贪"。贪欲就像一颗种子，一旦在人的内心生根发芽，就很难将其彻底铲除。

春秋时期宋国人乐喜，字子罕，曾任司城一职，主要负责水利和工程营建等事务，人们都叫他"司城子罕"。

据《左传》记载，宋国有一个人得到了一块美玉，想把

第一章　洁身自好，反腐从我做起

它献给子罕，但子罕拒绝接受。献玉的人说："之前我已经把这块宝玉拿给鉴定玉石的玉匠看过了，他说这是难得的宝玉，所以我才特地给您送来。"

子罕说："你以美玉为宝，我以不贪为宝。倘若我收下你的玉，那么我们两人都将失去最宝贵的东西，与其如此，不如我们各自保管好自己的宝贝吧。"听子罕这样说，献玉人又表示自己很难把这么宝贵的东西安全带回家，便一再地请求子罕收下。子罕固守本心，坚决不收。最终，子罕请当地的玉工把美玉雕琢后变卖，让献玉人直接带着钱回家了。子罕"以不贪为宝"的美德世代流传，成为后世为官者的廉洁楷模。

美玉有价，廉洁无价。一个人能够去除内心的贪念是难能可贵的，面对各种各样的诱惑仍能守住原则，需要有强大的内心来支撑。贪欲害人害己，会毁灭一个人的前途和未来。《道德经》中说："祸莫大于不知足，咎莫大于欲得。""欲得"即想要，想要便是欲望，当这种想要的程度越来越深，人的欲念也会随之变强，贪婪由此生出，最终将人心吞噬。

贪婪是人的本性，却并非无法克制。古往今来，清官廉吏数不胜数，他们能够恪守清廉底线、永葆清廉本色的根本，就在于洁身自好、严于律己，时时想廉、处处践廉，既能把控自己的欲念，不随心所欲，又常怀戒律之心，事事遵循原则。

涂文建，全国五一劳动奖章获得者，大悟县交通局副局长兼公路段段长。他自从事养路工作以来，先后当过工人、道班长、工区长、养护副段长、段长。无论身处哪个职位，他始终坚持做到勤政廉政，始终恪守原则和底线，对自己高标准、严要求。

在工作中，他总是第一个来、最后一个走，处处发挥表率作用。作为公路段段长，每年经他手的资金多达两三千万，思想稍不坚定，便容易产生贪腐问题。但涂文建严格约束自我，坚持廉洁自律。

刚当上段长时，一些亲朋好友纷纷上门表示想承包工程或向他推销工程材料，但被他一一拒绝。有一年大悟县公路段在黄土线路网二期工程中标了一段路，一个个体石料推销商为垄断碎石供应，偷偷塞给涂文建5000元，但被他拒绝；一个石灰厂石灰钙镁含量不达标，为顺利推销送给涂文建3000元，同样被拒绝。涂文建在工作中总能碰到妄图施以小利小惠，为己谋利的人，但他始终坚守廉洁底线，不贪不占。

在落实上级撤并小道班成立大道班的工作中，上级经研究决定出售原河口道班房。一位老板打算低价购房，便送给涂文建1万元红包。因为种种原因，无法退回，涂文建只好将这笔钱交段财务股，作为售房款入了账。

这就是涂文建，一个没有贪图钱财之心，始终清正廉洁的好干部。

☆☆☆☆☆☆☆☆☆☆☆☆☆☆☆☆☆☆☆☆☆

每一名党员干部都应坚定理想信念，恪守廉洁底线，认识到贪欲之害，从而拒贪拒腐。

无休无止的贪婪终将是一无所有，贪欲之门一旦打开，人就会失去理智，迷失心性。广大党员干部当以庄某的事例为鉴，少私寡欲，避免沦为贪欲的奴仆。

第一章 洁身自好，反腐从我做起

古往今来，很多人之所以陷入腐败泥潭，究其根本便是一个"贪"字，这一丝欲念让无数家庭支离破碎，也让很多原本功成名就的人一败涂地。唯有在诱惑面前保持一份清醒，少一点侥幸，才能在灯红酒绿、纸醉金迷之中独善其身。

"天下之福，莫大于无欲；天下之祸，莫大于不知足。"一个没有贪欲的人才能获得人生最大的幸福。

东汉名臣刘宠是一个廉洁为政、洁身自好的清官。年轻时，他便因为通晓经学、品节高尚而被举为"孝廉"，并在平陵担任县令。任职期间，他遏恶扬善，为民请命，政绩斐然。当时的会稽郡太守徇私舞弊、贪赃枉法，属下官吏也上行下效，鱼肉乡民，令会稽郡的百姓苦不堪言。

朝廷知道刘宠廉洁，便把他调往会稽郡担任太守。刘宠到任后，不负朝廷所托，亲自体察百姓疾苦，并对官吏进行严格考核，处理了一大批劣迹斑斑的官吏，还废除花样繁多的苛捐杂税。短短三年时间，在他的英明治理下，会稽郡风气大变，百姓安居乐业，鲜有官吏行不法之事。朝廷见他做出了成绩，便升任他为将作大臣，调往京城任职。

临行当天，刘宠只带了一个老仆人。两人走到若邪山时，突然从山谷中走出几位白发苍苍的老翁，原来他们是给刘宠送行的。几位老翁各带了百文钱，言明要代表众乡亲表达谢意。

刘宠当即推辞，说："各位父老乡亲如此厚爱，令刘宠惶恐不安，百文钱不是大数，但也是你们的血汗钱，来之不易，绝不能妄取！"

几位老翁见状，立即跪在地上，其中一位老翁说道："草民虽是一介村夫，却也知晓官之廉贪恶善，以前的官员只懂得贪恋财物，一味索取，弄得民不得安。自从大人到来后，官吏不再巧取豪夺了，晚上连狗都不叫了，百姓过上了安居乐业的日子。眼下听说你要离开了，大家都非常不舍，所以送百文小钱聊表心意，如果大人连这点钱都不收，我们回去如何交代呢？"

刘宠依然不肯收钱，老翁们竟说："如果大人不领情，那么我们就长跪不起！"

盛情难却，刘宠无奈之下便从每个老翁的手中拿了一文钱，表示自己收下了这份心意。众老翁见此情形，才起身告别。刘宠见几位老翁走远后，把那几文钱投进了附近的江中。后来，人们将这条江改名为"钱清江"，并在江边建了一座"一钱亭"、一座"一钱太守庙"。而刘宠"一钱太守"的美名也流传了下去。

司马迁在《史记·列传·范雎蔡泽》中说："欲而不知止，失其所以欲；有而不知足，失其所以有。"意在告诫人们要满足、节制，不能贪得无厌。廉是幸福之根，贪是祸端之源，古往今来，无数事实告诉我们要戒除贪欲。人的灵魂若被贪欲支配，就会形成扭曲的世界观、人生观、价值观，生活将失去方向，人生理想也将化为泡影。

反对腐败、建设廉洁政治是我党一贯坚持的鲜明政治立场，这就要求广大党员干部从自身做起，在工作中加强道德品质修养，不被物质冲昏头脑，守得住清贫，管得住私心，心无旁骛地专注于自己的事业。

3. 加强修养，擦亮清廉底色

党员干部要如何守住清廉底线、擦亮清廉底色呢？

保持清廉的根本在于加强自身修养，这包括提高党性修养和道德修养。共产党的党性集中表现为全心全意为人民服务。增强为人民服务的党性观念，最有效的办法是深入基层，深入群众。和一般群众相比，党员干部在德上应当有更高的标准、更严的要求。要有廉洁的品行，要做到忠诚干净担当必须以廉洁为准绳，并内化为自我约束，外化为严格遵守工作程序的执行力。

党员干部能够持续提高这两方面的修养，就会自然而然地远离不正之风、邪魅之气，擦亮清廉的底色了。

✫✫✫✫✫✫✫✫✫✫✫✫✫✫✫✫✫✫✫✫✫✫✫

仝怀章，全国五一劳动奖章获得者，两次被评为陕西省第二建筑工程公司（现陕西建工第二建设集团有限公司）模范党员和劳动模范。

从一名普通的学徒成长到项目总工队长、生产副队长，直到成为分公司副经理，一路走来，仝怀章靠的是勤勉敬业、清廉务实。在工作中，他是个严于律己，从不搞特殊的人。他率先在省建系统实行民主理财，并坚持将工资奖金公开。

曾有职工为了转正拿着烟酒去找仝怀章，仝怀章见此情形,一脸严肃地说:"你看有这个必要吗?该给你解决的,我自然会去解决。"还有一位老工长,孩子户口都在农村,仝怀章帮他解决了孩子的农转非问题。为了解决这位老工长的住房,仝怀章更是找到相关部门说:"宁可我的住房解决不了,也要给老工长解决好。"

仝怀章就是这样一个人。他总是把自己的事情放到后面,把工作和同事摆在前头。他牵头的"长安杯"工程和"全国用户满意工程"共上交利费1440万元,上缴利润80万元。

1998年,仝怀章因创省样板工程受到公司6万元重奖,但他只接受了1万元,其余5万元作为奖金发放给了职工。

在获得全国五一劳动奖章时,他十分平静,因为他明白这是全体职工奋斗的心血,不单单是他个人的功劳。

✦✦✦✦✦✦✦✦✦✦✦✦✦✦✦✦

修养是一个人的名片,是一个人经过历练和培养达到的内化水平。仝怀章正是因为做到了时刻强化自律、提高觉悟、锤炼党性,才能事事出于公心、处处彰显廉风。广大党员干部必须要加强自身修养,树立良好的党员干部形象,切实把"为人正、为官清、为政公"当成自己的座右铭和行为准则,严格约束自己的一言一行、一举一动。

加强修养才能永葆廉洁底色,具体可以参考以下几方面。

第一,培养、强化廉洁意识。党员干部要想培养、强化廉洁意识,就必须打牢廉洁从政的思想基础,可以从清廉文化培训和教育入手,常学、常思,并定期开展廉洁文化主题活动,多学、多看清廉典范的事迹,从根本上认识到"廉洁光荣、贪腐可耻",从而学会主动抵御诱惑、远离诱惑,最终战胜诱惑。

第二,不断学习,提升修养。对腐败的深刻认知是确保远离贪腐泥沼的有力前提和保障,这就要求党员干部不断学习,逐步提升修养,吐故纳新，树立正确的权力观、金钱观，久而久之，便会在潜移默化中崇廉拒腐。

同时，党员干部通过不断学习，还会进一步提升思想政治素养和道德水平，坚定理想信念，增强为党和国家、人民事业奋斗终身的自觉性和坚定性。古往今来的经验告诉我们，只有不断学习，才能清晰地了解社会历史发展规律，从而站在正确的政治立场，经受住考验。

第三，从群众中来，到群众中去。党员干部来自人民群众，当手中有权后，也要本着服务于民之心，全心全意为人民服务。党员干部要始终保持与人民群众的血肉联系，这样才能真正地接触基层、了解基层，赢得基层人民群众的拥护。遗憾的是，个别党员干部认为自己身居高位，与人民群众已属两个群体，所以有意识地避开基层群众，高高在上，这样的党员干部自然无法体察民心，也就不可能真正地把为人民服务当成从政之准则。

古往今来，许多有作为的官员将清廉奉为为官之本、立身之道，他们重视自身修养，从未忘记为官者的本分。

清代名臣王杰为官四十余载，严于律己，廉洁自奉，从不为己谋取私利。

一次，王杰的一位门生调回京城，恰逢王杰过生日，那位门生便带着数百两白银为王杰祝寿。师生久别重逢，自然格外高兴。不过王杰看到礼金后，马上脸色一变，厉声道："难道你忘了我当年是怎样教导你的吗？如果今天我收下你的礼金，不等于我说话不作数了吗？"门生一听，顿觉羞愧，便收回了银子。

身居高位的王杰十分爱惜自己的"羽毛"，绝不允许任何有损名誉的事情发生。他与历史上有名的"大贪官"和珅同朝为官多年，但从不与之同流，甚至曾多次揭露其丑恶面目。

有一次，和珅拿出了一幅水墨画，请王杰一起鉴赏。王杰早就不齿和珅的种种行为，便语言讽刺道："贪墨之风，一至于此！"一句话说得和珅无言以对。

还有一次，和珅想要奉承王杰，便在议政后拉住王杰的手，面带笑容地说："状元宰相的手果然好啊！"王杰看着他，板着脸说："王杰手虽好，但不能要钱耳！"王杰几次三番让和珅下不来台，和珅便伺机报复。

和珅听说王杰在老家盖起了"三王府""四王府"，马上眼前一亮，还没有弄清楚事情原委便上奏皇帝，把王杰"私盖屋舍"的事情添油加醋地描绘了一番。

皇帝并不相信，但也不是没有丝毫怀疑，于是便让亲信秘密去往陕西韩城实地考察。结果，亲信来到韩城一问才知道，所谓的"三王府""四王府"是当地人根据姓氏和排行产生的一种玩笑称呼。

皇帝听完亲信的回报不禁哈哈大笑，还把王杰、和珅一起召进宫，说王杰贵为宰相，家宅却十分简陋，特"赏银三千两修之"。王杰虽然不知道发生了什么，但还是谢绝了皇帝的好意。在一旁的和珅则又惊又怕，恨不得找个地缝钻进去。

清正廉洁是中华优秀传统文化的重要组成部分，也是中国共产党人代代传承的红色基因。党员干部要担起自身的政治责任，加强自身修养，堂堂正正做人、踏踏实实做事、干干净净从政，真正解决好"为谁掌权、如何掌权"的问题。

党员干部要擦亮清廉底色，务必从思想上正本清源，坚持用党的创新理论武装头脑，勤于修身、严于律己、取信于民、秉公用权，成为一名忠诚、干净、担当的高素质干部。

4. 养一身浩然之气

孟子说:"我善养吾浩然之气。"我们可以把浩然之气看作一股至大至刚的正气,这种正气会让一个人具备一种不屈不挠、不可征服的精神力量。拥有浩然之气的人,自然不会与贪污腐败者同流合污,会做到廉洁清正、严于律己。

☆☆☆☆☆☆☆☆☆☆☆☆☆☆☆☆☆☆☆☆☆☆☆☆

明朝廉官海瑞一生为政清廉、洁身自爱、正直刚毅,是历史上有名的清官。

明朝嘉靖年间,某些地方社会风气不正,每当达官贵人经过州县时,当地的官员和百姓都要拿出好酒好菜来招待,还要备好厚礼。为了掩人耳目,会在礼帖上标记"白米"和"黄米"的具体数量,但这里的"白米"和"黄米"并不是粮食,而是白银和黄金。

随着这种不良风气的蔓延,就算一些官员的子嗣路过州县,地方官员也会盛情款待。一次,总督胡宗宪的儿子与一队人马抵达淳安。驿站官员不认识他,有些慢怠,胡公子大发雷霆,让随从把驿站官员绑起来,吊在一棵树上,用皮鞭使劲抽打。

当时海瑞是淳安知县,他一收到消息便马上赶去了驿站,见众目睽睽之下居然有人这么胆大包天，不禁大怒，立刻让人先给驿站官员松绑。

胡公子跋扈惯了，拿着马鞭指着海瑞说："你知道我是谁吗？"

海瑞义正词严，怒斥道："无论你是谁，在我管辖的地方绝不允许你为非作歹！"

胡公子的随从见状，狐假虎威道："你这狗官，是不是眼瞎了？他是大名鼎鼎的胡总督的儿子！"

海瑞一听，心中暗想，胡宗宪是抗倭名将，自然是明是非、讲道理的人，于是冷笑道："之前胡大人来这里巡查时，下令不能有任何铺张浪费之处，现在看看你们，却是行装威盛，这种招摇过市之人又怎么会是胡大人的公子呢？肯定是冒充的！"说完，他命人把胡公子拿下，驱逐出淳安县，还把他一路搜刮的钱财全数充公。

事后，海瑞给胡宗宪写了一封信，信上写道："有人假称胡家公子一路搜刮民财，欺压百姓。海瑞想胡公肯定没有这样的儿子，显然是冒充的。为了让胡公免遭名誉受损之害，我已经把他驱逐出境，没收了所有钱财。"

从古至今，人们总会用"一身正气、两袖清风"来形容那些为官清廉之人，这里的"正气"包含着正直、真诚、无私、公正、廉洁、刚正不阿、持正守廉；而"两袖清风"，是说为官者身无别物，两只袖子里只有"清风"，同样象征着廉洁、清明。

党员干部也应当有这样的思想境界，做到两袖清风，拥有一身浩然之气。要时刻注意自身言行，端正自身形象，有正气、树正风。

第一章　洁身自好，反腐从我做起

☆☆☆☆☆☆☆☆☆☆☆☆☆☆☆☆☆☆☆☆☆☆☆☆☆

被乾隆帝称作"真宰相"的刘统勋，处事以公、廉洁无私，在贪腐成风的清朝官场中可谓一枝独秀。

一向光明磊落的他在朝堂上办事也同样一板一眼，绝不允许以权谋私和"穿小鞋"的情况存在。因私事而找他的人，也一定要在白天、在公堂之上言明。在晚上拜访的人，他一律不见。

一次，有个花钱买官的人趁着夜深人静来敲刘统勋的家门，刘统勋坚决不开门。直到第二天议事时，他才把那人叫出来，当着众大臣的面说："三更半夜去敲别人家的门，这绝非正人君子作为，你有什么事情不妨现在说出来，即便是关于我的话也但说无妨，正好让我有则改之，无则加勉。"这个人低头不语，满脸通红，一溜烟儿跑到了外面。此后再也没人这么自讨没趣了。

刘统勋每次奉命出行只带两个仆人，轻车简从，他这样做的目的就是不惹人注目，防止有心之人行不法之事。到了各地衙门的旅馆后，他会快速进入办公状态，需要人时就让仆人传唤，需要办什么事情也会随时传令给当地衙门。在出行期间，他不会见任何无关之人、碰无关之事，任何想打通关节的人都难以从他这里找到门路。

☆☆☆☆☆☆☆☆☆☆☆☆☆☆☆☆☆☆☆☆☆☆☆☆☆

为官者要在心中垒砌起一道坚固的"廉洁之墙"，将所有心怀叵测之人阻挡在高墙之外。今天的党员干部也要像刘统勋一样，持正守廉，养一身浩然之气，只有这样，才能锻造出坚定、崇高的理想信念，拥有廉洁奉公的定力。为此，党员干部可以从以下几方面入手。

首先，笃定信念。习近平总书记指出："理想信念就是共产党人精神上的'钙',没有理想信念,理想信念不坚定,精神上就会'缺钙',就会得'软骨病'。"党员干部的信念不坚定,"骨头"不够硬,就容易被不正之风熏染,久而久之,自然会消耗原本的正气,从而在为官做事上失掉底气,如此又怎么能锁定目标、奋勇直前呢?

其次,为民谋福。党员干部要有勤政务实之心,这也能彰显共产党员的实干精神。在实干中永葆勤政的优良作风,便会心无旁骛、兢兢业业,把一颗心扑在为人民服务的事业中。

最后,内心坦荡。党员干部要力争把自己的胸怀练就得宽广如大海,能听得进建议、担得住批评,不断改进自我、完善自我;要善于用欣赏的眼光看待别人,多看别人的长处,不要总是抓住他人的缺点和短板不放。如此,才能做到心中有清波荡漾,胸中尽是浩然之气。

任长霞,全国五一劳动奖章获得者、全国三八红旗手、全国青年岗位能手、全国优秀人民警察、全国公安系统一级英雄模范,被誉为"警界女神警"。

任职河南省登封市公安局党委书记、局长期间,她兢兢业业,忠诚尽职,真正做到了"心正、身正""心廉、身廉"。

一天夜里,任长霞像往常一样批阅群众来信,其中一封信让她十分震惊。原来,登封的一名叫王某的老板为非作歹,横行霸道,敲诈勒索,无恶不作,已经导致上百人受到伤害,更造成7人死亡。任长霞看罢信件,心情十分沉重,很快便成立"打黑专案组",欲将这个不法之徒绳之以法。

王某深知任长霞这位警界传奇人物不好惹,于是决定"用钱开路",打通关节。任长霞得知消息后,便决定"将计就计"。一天晚上,王某来到任长霞的办公室,看到任长霞后,说自己刚出差回来,不想手下人闯了祸,希望任局长可以高抬贵手,接着便把一沓钱放在桌子上。

任长霞见状,不禁怒火中烧,一拍桌子:"你罪孽深重,伤天害理,不是花几个钱就什么事都能摆平的,在我这里没有金钱能打通的关节,只有公正的法律!"随后,已经在门外守候的警察听到拍桌子的声音,马上冲进屋里,抓住了王某。

任长霞破获了许多大案要案,也面临无数请托人的说情、打点,但在她的正气面前,不法之徒只能偃旗息鼓。

"在我这儿没有金钱能打通的关节,只有公正的法律!"掷地有声的一句话,将任长霞的一身正气表现得淋漓尽致。

天地有正气,杂然赋流形,下则为河岳,上则为日星。浩然之气,被人们比喻为可与日月星辰同辉的一股能量。在全面从严治党的今天,党员干部要始终把涵养浩然之气当成政治品行去追求,不断地滋养它、壮大它。

5. 以廉明志,洁以修身

周敦颐的《爱莲说》中有云:"予独爱莲之出淤泥而不染,濯清涟而不妖。"我们常常用"出淤泥而不染"来形容一个人洁身自好、不为诱惑所迷的高洁品质。顾炎武也曾说:"诚欲正朝廷以正百官,当以激浊扬清为第一要义。"要想有一个健康的政治生态,党员干部务必筑牢思想防线，真正做到"出淤泥而不染"，从自身做起，维护好从政环境。

《论语》中说："清正在德，廉洁在志。"清廉是党员干部做好工作的保证，更是锤炼党性修为的法宝。党员干部若能以德正其身，立公仆志，不被纷扰的世俗侵扰，抵挡住今天的诱惑，也就会迎来明天的幸福。

"病从口入，腐从贪起"，党员干部一旦不能严于律己，不懂得控制自己的欲望，他原本的远大志向就会失去动力。所以，正风反腐始终是党员干部修为的重点，也是他们攀上"廉洁之山"顶峰的关键。

✦✦✦✦✦✦✦✦✦✦✦✦✦✦✦✦✦✦✦✦✦✦

古时候，有一个叫石门镇的地方，是进入广州的必经之地，此地以一泓"贪泉"而出名。据说，"贪泉"之水清澈见底，口感甜润。但喝了"贪泉"之水的人就会变得无比贪婪，因此途经石门镇的官员都不敢喝"贪泉"之水，即使再口渴也忍住不喝。

吴隐之是东晋时期的一位廉洁之士，当时广州吏治繁冗、百姓劳弊，朝廷便任命他到广州出任刺史一职。在赴任途中，吴隐之经过石门镇，听说了"贪泉"的故事后便打算前去一探究竟。他来到泉边，看到石岩中流出一股清泉，泉水清澈见底，他不禁赞叹道："真是好泉水！"

片刻后，吴隐之蹲在泉边舀出一点泉水喝下去，并当场作了一首诗："古人云此水，一歃怀千金。试使夷齐饮，终当不易心。"这首诗的大意是：人们都说喝下"贪泉"的水会变得贪婪，但在我看来，品德高洁的伯夷、叔齐就算喝下它也不会丧失名节。吴隐之喝下"贪泉"之水的目的就是"明志"。

到任后，他时刻不忘自己的心志和誓言，平日里滴酒不沾，吃的也只是蔬菜、干鱼，穿的是破旧衣衫。他还叫人撤掉前任太守留下的华丽丝帐、帷幕等，统统充归国库。

一名下属得知吴隐之吃干鱼，便"投其所好"，特地弄来一些上等鱼献给他。吴隐之知道下属的心思，重重地责罚了他。清廉的吴隐之以身作则，也严禁下属贪赃枉法，在吴隐之的治理下，当地的社会风气越来越好。

回京后，吴隐之住在一所小宅院里，只有六七间屋子，妻子儿女都挤在其中。为此朝廷赐予他车牛，又打算为他修建庭院，可他拒绝了。后来，他的官越做越大，可清廉之志从未改变，每月领取的俸禄除了留下部分用于家庭开销外，剩下的都用于接济亲戚和穷人了。

✧✧✧✧✧✧✧✧✧✧

吴隐之故意喝下"贪泉"之水，就是为了告诫世人，只要心中有"廉"，以廉明志，"贪泉"不可能让人变得贪婪。他此后的所作所为也证明了这一点。

明辨是非、奉公守法的党员干部，周身上下会自然而然地散发出一种人格力量，使得心怀叵测之人不敢靠近，正如《官箴》中所云："吏不畏吾严，而畏吾廉；民不服吾能，而服吾公；公则民不敢慢，廉则吏不敢欺。公生明，廉生威。"清廉的党员干部总是不怒自威，会让苦心竭力钻空子的不法之徒敬而远之。

清廉的党员干部脑海中也只有"公"字挂帅，完全忘掉了自己。他们以清处事、以廉立身、以洁正心，始终保持清正廉洁的风骨。

✧✧✧✧✧✧✧✧✧✧

"穷沙窝里把根扎，开出一支玉兰花。"这句诗中的"穷沙窝"指的是临西县东留善固村，而开出的"玉兰花"便是人民的好干部吕玉兰。吕玉兰是全国劳动模范、党的好干部、人民的好公仆。

吕玉兰心里始终装着人民群众，一门心思为人民谋福利。某年秋天深夜，狂风大作，暴雨倾盆。睡梦中的吕玉兰被惊醒，她马上穿好衣服，披上一块雨布开始巡视军烈属和五保户的房子。忙碌了一整夜，20多个军烈属和五保户门前都出现了她的身影。

对老百姓充满真情真意，这是吕玉兰的工作准则。对此，孙文礼老人感触最深。孙文礼老人的老伴儿和儿女先后离世，孤苦无依，吕玉兰了解了他的情况后，主动担起照料重任，还把他安排到大队林场，让他一边做门卫，一边养鸡，让老人的生活过得十分舒心。

1960年，因工作表现出色，吕玉兰当选东留善固村党支部书记，还被评为全国三八红旗手。她曾说："凡是集体的东西，咱一点也不能沾。"她是这么说的，也是这么做的。

1963年9月，大批救灾物资运到乡下，队里的干部有的拆开大包，一边分拣一边自己试穿。吕玉兰看到后问："还没研究哩，怎么就分开啦？"一名队干部对她说："玉兰，特意给你留了两双皮鞋，你试试。"吕玉兰看都没看一眼，大声说道："多好的皮鞋，俺也不要。救灾物资，应该先分给最需要的群众。当干部的，谁也不许先挑先拣。挑了衣裳的，赶快放回去，重新分配！"吕玉兰就是这样一个先人后己、先群众后干部的人。

1976年，东留善固村开始搞新农村建设。在拆旧房盖新房时，有人说玉兰带头栽树，应该挑最好的檩条。吕玉兰知道后坚决不同意，表示自己绝不搞特殊。后来还把盖新房剩余的木料给了集体。

不但不贪不占，几十年来，吕玉兰甚至还会倒贴：出差自掏腰包拿路费；上级来人在群众家吃饭，她出钱贴补饭菜钱；卖掉家里的猪仔给村小学买桌椅……她也由此得了个"赔本干部"的外号。

一尘不染、廉洁奉公，这就是吕玉兰。

☆☆☆☆☆☆☆☆☆☆☆☆☆☆☆☆☆☆☆☆☆☆☆☆☆

党员干部要明白"事业重如山，名利淡如水"的道理，恪守廉道，以涵养高洁之气、抵御贪腐之风。从政为官者，必须保证思想的清爽、干净，以廉为先，以廉养心。

6. 清白做人，坦荡为官

作为一名党员干部，要仰不愧天、俯不怍人，即便世间有阴暗之处，也要用内心的光明将其照亮。换句话说，如果一个人的内心是坦荡、通透的，那么所言所行自然干干净净。

☆☆☆☆☆☆☆☆☆☆☆☆☆☆☆

"关东第一才子"王尔烈深得嘉庆帝的赏识，由于他正直无私，为人坦荡，廉洁奉公，所以嘉庆帝时常会把他派往各地做主考官。

一次，王尔烈从江南主考归来，嘉庆询问了主考情况后，便问他："你常年出门在外，家里的境况怎样？"

王尔烈回答:"几亩薄田,一望春风一望雨;数间草房,半仓农器半仓书。"

嘉庆一听,非常高兴地对他说:"我很早就知道你为官清廉,现在我准备把你派往安徽铜山铸钱。"

其实这是嘉庆故意为之,他想让王尔烈借机"赚钱"。就这样,王尔烈去了安徽铜山,一去就是三年。后来,王尔烈奉旨回京,嘉庆问他:"这几年过得怎么样?"

王尔烈知道嘉庆的心意,但他没有搭话,而是顺手从袖子里掏出三枚铜钱。嘉庆定睛一瞧,这三枚磨得光溜溜的铜钱不是铸钱的样钱吗?嘉庆有些疑惑。

王尔烈看了看嘉庆,说:"臣除了这三枚铜钱之外,还是两袖清风,一无所有啊!"

嘉庆不禁大受感动,封王尔烈为"老实王"。

嘉庆四年(1799年),72岁的王尔烈官至大理寺少卿,此时年迈体衰的他卸任归乡。他返乡时,一支骆驼大队从京城浩浩荡荡地出发。这时有好事者七嘴八舌地议论开来:"这哪里是什么'老实王',假的!""还两袖清风呢?早就贪得饱饱的了。"

很快,有人把这件事报告给了嘉庆,嘉庆马上命人截查骆驼大队,当着文武百官的面问他骆驼大队驮的是什么。

王尔烈答道:"都是皇上赏赐的东西。"

嘉庆又问:"你卸任归乡,我只赏赐给你千两白银,用得着动用骆驼大队吗?"

王尔烈没有回答,只请求检查。经查验,大家发现骆驼大队所驮的都是破烂砖瓦,在场的所有人大吃一惊。嘉庆问:"你要这些东西干什么?"

王尔烈说,家乡只有三间茅屋,所以捡来这些破烂砖瓦回乡盖房。嘉庆十分感动,便为他修建了一座翰林府。不过,王尔烈只住在偏房,把正厅做了义学馆。

清白做人、坦荡为官,意味着行为、思想和心灵都是一尘不染的,这可谓是做人的一种境界。党员干部应当明白,一个人只有清清白白,不贪图物质、不妄取钱财,才能养成廉洁品质,才能昂起头颅站在天地之间。

为官从政,应保持光明磊落、公道正派的作风,清白做人、干净做事、坦荡为官,任何时候都不能丢掉"清白"这个信念,要深入践悟"清白一生老来好",一心为公,一身正气,树立党员干部"忠诚干净担当"的良好形象。

"做官先做人,万事民为先。"这是"为民书记"郑培民的行为准则,更是他执政为民、当好人民公仆的真实写照。郑培民是为民做实事的好干部,工作和生活中严于自律,处事光明磊落,时刻保持低调,没有丝毫架子。

有一次,郑培民到湖南省某地考察,当地接待他的领导安排了一间豪华酒店。郑培民刚走到酒店门口便停下脚步,问清原因后对接待人员说:"共产党人最重要的是什么?不是这些享受的、外在的东西,而是要为人民群众解决问题、办实事,湘西山里一些地区的百姓连最基本的生活都难以维持,我又怎么好意思在这里安然享受呢?"说完便离开了。

郑培民在工作中清白如雪,在生活中更是纯净无瑕。他对家人要求十分严格,还为妻子定下"三不"原则:绝对不能替任何人给自己传消息，无论是亲戚、朋友还是同事，是书信还是口信，一律都不允许；绝对不能接受任何形式的礼品赠送；绝对不能利用自己的身份获取便利。

有人曾打算走"夫人路线"，妄图通过讨好郑培民的妻子达到目的，为此送上大额现金。这种行为自然违背了"三不"原则，郑培民的妻子当即拒绝。

郑培民职位虽然高，可从不用手中的权力为妻子、子女行方便。多年来，其妻一直在书店做销售员，唯一变化的只是工作地点。郑培民也常常告诫子女："我们创造的一切不属于你们，你们要用自己的智慧与双手创造财富。"

清清白白、干干净净、坦坦荡荡，郑培民用自己的一言一行、一举一动诠释了共产党人清正廉洁的本色。

✿✿✿✿✿✿✿✿✿✿✿✿✿✿✿✿✿✿✿✿✿✿✿

廉洁的人都有一个共同的品格——坦荡无私、一清二白。这种高尚的品格会影响身边的人，让人们敬重你、信任你。

而今，个别党员干部化身为集体中的"蛀虫"，以享乐为主、以奢靡为荣，连最基本的无愧于心都做不到，唯有当法律的铁钎刺到他们的身体时，他们才悔不当初，开始反省、自责。这种悔改付出的是沉重的、可悲的、不可逆转的代价。

✿✿✿✿✿✿✿✿✿✿✿✿✿✿✿✿✿✿✿✿✿✿✿

明朝名臣于谦少年时，便写下了脍炙人口的《石灰吟》，踏上仕途后，他不忘年少时的誓言，一生廉洁奉公，不徇情、不受贿。

33岁那年，于谦被皇帝擢升为兵部右侍郎，巡抚河南、山西两地。

明朝时期，巡抚的权力极大，此时的于谦可谓掌握着地方官吏，乃至省级官员的生杀大权，但他从未因此而骄横跋扈、作威作福。在任19年，他始终轻车简从，绝不招摇、讲排场。他曾写过一首诗，专门讽刺前呼后拥、鸣锣开道的官场习气，诗云：秋雨黄河水，春风碗子城。巡行知几度，候吏厌逢迎。于谦厌恶下属阿谀奉承，也同样不会对上司谄媚。

正统年间（1436—1449年），宦官王振揽政，由此掀起一股索贿风潮。一众官吏为了个人前程，争先献金献银，据传，凡是想见王振的官员必须献银百两，如果献银千两，就会得到酒食赏赐。

正义凛然的于谦从不献金献银，也不向这种恶习低头。每次进京，他只会带随身行囊。有人好心提醒他就算不带金银，也可以带一些土特产献出去。于谦微微一笑，抬起袖子说："吾唯有清风而已。"更赋诗以明其心："绢帕麻菇与线香，本资民用反为殃。清风两袖朝天去，免得闾阎话短长。"

绢帕、麻菇、线香都是百姓辛苦所得的土物，虽然不值一提，但官员是否索取却是廉洁与否的标志。

1441年，于谦进京办事，被王振一党找了个莫须有的罪名关押了三个月，直到民众集体抗议和几个藩王出面，于谦才算虎口脱险。

后来，蒙古族瓦剌部入侵中原，明英宗被俘，于谦在危难之时挺身而出，另立英宗的弟弟为帝，击溃了蒙古军，保住了大明江山。立下保家卫国的奇功，但于谦却不邀功，不但几次推辞皇帝对他儿子的提拔，就连赐给他宅邸，他也只住偏房，正屋用于存放皇帝赐予的玺书等物品。

"粉骨碎身浑不怕，要留清白在人间"，于谦用自己的一举一动践行着这句话。堂堂正正、清清白白的人，总会获得他人的尊重和敬仰，这样的人贵在无愧于自我、无愧于人民、无愧于天地。他们的所行所为，在历史的长河中历久弥新，任时光流转、岁月变迁，他们依旧长存于世人心中。

反观那些欺世盗名之辈、贪浊邪佞之徒，纵然能一时得意，靠着钻营取巧谋取私利，可他们终将遭到历史的唾弃，遗臭万年。

7. 保持平常心，学会放下

什么是平常心？每个人对此都有不同的答案，但一个不造作、不生是非、不谈索取的人，肯定是拥有平常心的人。拥有平常心，意味着我们必须看得开、拿得起、放得下，保持心态平和，对金钱名利有淡泊之心——这一点尤为重要。

金钱名利的诱惑力超乎想象，它是党员干部违规违纪的"助推器"，是滋生腐败的"催化剂"，党员干部一旦守不住心门，就会被它击垮。而一颗平常心，能让人意识到什么才是人生中最宝贵的财富。这颗"可贵之心"无疑是化解致命毒剂的解药。拥有平常心，就不会患得患失，就能坦然迎接人生中的阳光雨露与斜风细雨。

北宋政治家、史学家、文学家司马光在洛阳编修《资治通鉴》时，所住的地方格外简陋、破旧，所以他另辟一处地下室,在其中潜心钻研。当时有一位声名显赫的大臣王拱辰也住在洛阳,他的院落与司马光的相比,简直如天宫一般,中堂建有三层屋子,最上面那层叫"朝天阁"。当时洛阳有人打趣道:"王家钻天,司马入地。"

一贫如洗的司马光毫不在意,甚至他妻子去世时,他连为妻子办丧事的钱都拿不出来,无奈之下,只好典当了三顷薄田。

✦✦✦✦✦✦✦✦✦✦✦✦✦✦✦✦✦✦✦✦✦✦

司马光一生洁身自爱,淡泊名利,皆因他有一颗平常心,达到了"不以物喜,不以己悲"的人生至高境界。清代教育家申居郧在《西岩赘语》中写道:"做官时,要往前日想一想,我原不是官;又要往后日想一想,不能常有此官。寻取真我,方有着落。"拥有一颗平常心,才能真正做到"宠辱不惊"。

毛泽东同志在《工作方法六十条(草案)》中写道:"人们的工作有所不同,职务有所不同,但是任何人不论官有多大,在人民中间都要以一个普通劳动者的姿态出现。"党员干部手中的权力是因组织和人民的信任而来,绝不能以权谋私,党员干部要时刻保持平常心,才能真正为组织尽职,为人民谋福。

✦✦✦✦✦✦✦✦✦✦✦✦✦✦✦✦✦✦✦✦✦✦

王刚是一位来自北方某市的党员干部,长期扎根基层,服务群众。他始终坚守廉洁自律原则,不贪不占,以一颗平常心对待工作和生活中的种种诱惑。

在担任乡镇领导期间,王刚面对项目和资金,始终保持清醒的头脑。他深知这些资源和资金是群众的,是用来改善民生、推动乡村发展的。因此,纵然有形形色色的人采取各种办法啃他这块"硬骨头"都未能成功,他始终坚守底线,从不利用职权为自己谋取私利。

王刚始终把群众放在心中最高的位置，无论是解决群众的日常琐事，还是处理复杂的矛盾纠纷，他都能够耐心倾听、认真处理。他从不因个人的情绪而影响工作，也从不因群众的误解和抱怨而气馁。

他的廉洁自律赢得了群众的广泛赞誉和尊重，上级领导也把他树立为榜样，号召党员干部向他学习，学习他的坚守初心使命，廉洁不贪、忠诚履职。

平常之心，难能可贵。作为党员干部，只有保持一颗平常心，不贪不占，才能赢得群众的信任和支持，才能真正履行好为人民服务的职责。

党员干部要常怀平常心，懂得名与利都是暂时的，看淡在工作中取得的成绩，意识到这份成绩只是对自己眼下工作的一种肯定，始终把为民多做事、做实事、做好事当成立身之本和终身责任，由此才会迈上更高的台阶。

遗憾的是，在现实中，个别党员干部因取得的一点成绩而沾沾自喜，甚至为此趾高气扬，没有"归零"心态，于是为了获得更多、更大的褒奖好大喜功，一门心思地做表面功夫，只求得到虚无的夸赞。时间一长，他们便会在内心树立起扭曲的"荣誉观"，在事业上只顾着如何做能获得嘉奖，如何做能得到盛赞，全然忘了一名党员干部应该坚守的理想信念，这种错误的认知会让他们把服务于民当成谋取个人荣誉的工具，自然是本末倒置、缘木求鱼。

党员干部要时刻保持平常心，避免让功名利禄侵蚀心智。

第二章

严守制度,莫违党规党纪

对党员干部而言,制度是"火炉"、是"高压线",触碰不得。每名党员都要遵守党规党纪,要对党规党纪充满敬畏之心,清楚自己该做什么、不该做什么,明白违规违纪会有什么样的惩处,由此提高警惕,保持思想不松懈,守己自律。

第二章

第二章　严守制度，莫违党规党纪

1. 制度如"火炉"，越界必"焚身"

在社会管理学中，有一个概念叫"火炉效应"，意思是火炉点燃后放在那里，不会烫人，但有人敢于触摸，就必烫无疑，即组织建立管理约束机制后，如果有人违反组织纪律，就会受到严厉的惩罚。

☆☆☆☆☆☆☆☆☆☆☆☆☆☆☆☆☆☆☆☆☆

刘某是一名国家公职人员，在市检察院工作，与妻子一年的收入大概有15万元，因违纪被查处后，经核实，两人名下的存款多达600万元。另外，刘某名下还有9处房产，这些都是他一次次违纪违法所得。那么，刘某是怎样走上这条不归路的呢？

刘某所在市区准备开发一个步行街项目，当地某集团董事长陆某得到了这一项目的开发权。当时他支付了一半款项，剩下部分打算从当地某商业银行贷款。数月后，陆某搭上了刘某，让其帮助贷款并许诺会支付"好处费"。

两个月后，在刘某的运作下，商业银行审贷委员会通过了陆某的贷款请求。不过刘某对陆某说该项目地处居民区，拆迁阻力大，贷款发放后会存在一定的风险。其实，他所谓"风险"只是为了给陆某"提醒"，意在告诉他该拿出"好处费"了。

几天后，陆某约刘某见面，刘某便有意无意地说自己的儿子想买一辆车，并暗示有事可以找自己的儿子。陆某心领神会，很快给了刘某的儿子 30 万元现金。不久，陆某需要的贷款便发放到了自己的公司。

通过种种违法操作，刘某大肆收受他人贿赂，最终为自己的越界行为付出了沉重的代价。

❋❋❋❋❋❋❋❋❋❋❋❋❋❋❋❋❋

每名党员干部面前都有一道不可触碰的红线，但仍然有个别人心存侥幸，不惜以身试法，认为自己可以躲开法律的惩戒。若要人不知，除非己莫为，当他们选择踏上不法之路时，结局就已经写好了。

国无法不治，民无法不立。做人守原则，做事依法度，是现代公民的基本素养和义务，更是确保创建廉洁政治的前提和基础。假如失去了法纪的约束，不但各项秩序无从保障，每个人的生存、发展也将丧失根基。

❋❋❋❋❋❋❋❋❋❋❋❋❋❋❋❋❋

有这样一个故事。明太祖朱元璋在一次早朝上，突然问了朝堂之上的群臣一个问题："天底下什么人最快活？"群臣一听，不禁议论纷纷，各抒己见。有人说最快活的人莫过于功高盖世者，也有人说应该是金榜题名者，还有人说是富甲一方者……朱元璋听完大家的回答后都不太满意，露出了不悦的神色。

这时，一个叫万纲的大臣开口说道："天下最快活的人莫过于守法度者！"朱元璋听完连连点头，并夸赞万纲见解独到。

❋❋❋❋❋❋❋❋❋❋❋❋❋❋❋❋❋

有道是："遵章守法事事顺，违法犯规时时难。"遵守法纪，是社会个体恪守社会公德最基本的要求，也会反映出一个人思想觉悟的高低。党员干部必须心存敬畏，才会在做事上有顾忌，此正是"心有所敬,行有所循;心有所畏,行有所止"。

✦✦✦✦✦✦✦✦✦✦✦✦✦

薛某头上顶着多个诸如"杰出青年"的光环,而他从一名科员荣升到副局长,仅仅用了不到两年的时间。

他是名牌大学的毕业生,28岁就做了某省开发区规划局"二把手",多次被评为"杰出青年"。但让人想不到的是,这样一个前程似锦的高才生,却无视制度、法纪,独揽大权,收受巨额贿赂,最终沦为阶下囚。

该开发区居民安置区及相关公共服务设施工程总承包项目经批准正式立项,在后续的招标工作中,薛某与司机徐某经过商量,准备寻找符合承建资质的公司,然后从中收取"好处费"。

计划好一切后,司机徐某伙同其他涉案人员经过一番精心运作,使得一家建筑公司顺利"中标",而后一伙人收取了工程总价5%的好处费。为了便于把好处费收入囊中,他们分别在多地注册公司,并签订了虚假的供货和劳务合同。最终,薛某在这起招标案中共收取了1600多万元好处费。此外,他滥用职权,多次为他人谋取不正当经济利益。

案发后,薛某被省第二中级人民法院依法判处无期徒刑,剥夺政治权利终身。

✦✦✦✦✦✦✦✦✦✦✦✦✦

制度面前人人平等,没有谁能一边贪腐一边越过制度的高墙。制度是神圣不可侵犯的,挑衅和跨越都将被严惩。

《警世通言》中说:"人心似铁,官法如炉。"意思是任人心的意志像铁一样坚硬,也难以抵挡像熔炉一样严厉的法律。法治之下,党员干部绝不能有丝毫侥幸心理,更不能指望法外施恩。

其实,很多贪官之所以被"火炉"烫伤,乃至于"焚身",归根结底在于面对巨大的诱惑时,将法律法规抛到了九霄云外。

无规矩不成方圆,党员干部无论在生活还是工作中,都要时刻注意自己的言行,内心要有清晰的"界限感",知道什么事情该做,什么事情坚决不能做。

2. 心怀敬畏,制度不是"纸老虎"

朱熹说:"君子之心,常存敬畏。"敬畏不是畏首畏尾、瞻前顾后,它意味着发自内心的尊重、敬重。我们对待世间万事万物都要有一颗敬畏之心,这样才有目标方向、行为准则和道德规范,才能够时刻自我约束,严格要求自己,不做出格越轨之事。而党员干部的敬畏心,主要体现在对制度、法纪的遵守和维护,以及对民心民意的重视上。

❋❋❋❋❋❋❋❋❋❋❋❋❋❋❋❋❋❋

1967年出生的孙某,是法学博士,后通过自己的努力成为市委副书记、市长、某国家级旅游度假区工作委员会书记。能够得到这样的职位,自然有过人之处,但他出众的不只是个

第二章　严守制度，莫违党规党纪

人能力，还有"包天之胆"。

他在职期间，不顾民怨和有关部门收到的民众反映及举报，独断专行，自作主张砍掉城市里的珍贵树木、拆除城区主干道，并斥巨资上马雨污分流等工程，造成了巨大的负面影响。此外，他还为数个单位及个人在工程承揽、项目开发、工作调动等方面大开方便之门，非法所得共计超过1000万元人民币。

案发后，孙某先是被审查调查，后被省检察院向市中级人民法院提起公诉。最终，市中级人民法院依法判处孙某有期徒刑15年，并处没收个人财产200万元人民币。

✮✮✮✮✮✮✮✮✮✮✮✮✮✮✮✮✮✮✮✮✮✮

遵守法律是对公民最基本的要求，但个别党员干部在利益面前"无所畏惧"，在贪腐上胆大妄为。法纪是用来遵守的，党员干部若缺乏必要的敬畏心，终将会被法律这只老虎吞进肚中。

"有了制度而随意践踏，不去执行，比没有制度更可怕，其危害也更大。"

制度绝不能成为流于表面的一种形式，它必须切实地成为党员干部牢记于心的行为规范，要实实在在地落实到日常工作中，否则制度的效力将大打折扣。党员干部要成为制度坚定的实施者和守护者，不但自身要严守制度，落实制度，更要及时制止一切违反制度的行为，避免制度的"破窗效应"。

✮✮✮✮✮✮✮✮✮✮✮✮

肖某本是一个公路站的会计，通过一路艰辛打拼坐上了交通局党委副书记的位置。身份的转变让他的思想发生了巨大变化。

每次县委组织部要求参与网上党章党纪学习时，他都会想方设法让他人代劳，且鲜少参与局机关的学习。正是他对制度的漠视，让他的思想长期处于懒散状态，在与社会上一些老板打交道时，他开始羡慕豪车、名表和闲适的生活。慢慢地，他开始为一些工程队"开绿灯"，利用手中权力，不惜违反规定和制度，从各个方面照顾这些老板，只为换取他羡慕的物质生活。

贪婪就像潘多拉魔盒，一旦打开就会变得肆无忌惮。就这样，肖某一步步地沉沦下去，早就不知法纪为何物。他利用职务之便为他人谋取私利共得到700多万元的非法收入，最终他等来的是法律的审判。

他在忏悔录中写道：现在有钱了，却失去了自由。我已人到中年，上有老下有小。父母总是教导我要做一个顶天立地的大丈夫，做清官，但我却让他们的愿望彻底化为泡影，他们现在有的只是一个囚犯儿子……

☆☆☆☆☆☆☆☆☆☆☆☆☆

孔子曰："君子有三畏：畏天命，畏大人，畏圣人之言。小人不知天命而不畏也，狎大人，侮圣人之言。"敬畏之心应当"人皆有之"，因为它同时也是一种谦恭之心。试问一名谦恭的党员干部，又如何会成为贪腐队伍中的一员呢？只有不把制度放在心上，不尊重党规党纪者，才会胡作非为。

制度是党员干部日常行为的警戒线，也是所有社会公民正当利益的保护伞。常怀敬畏之心，用党章党纪规范自己的言行举止，不招摇、不僭越，加强自我约束和修正，才会建立起良好的生活秩序、社会秩序，才能保障个人与集体的权益。

3. 遵制度、守法令，勿陷贪腐泥潭

《吕氏春秋》中云："欲知平直，则必准绳；欲知方圆，则必规矩。"廉洁制度源自正风反腐的实际需求，是在长期的实践中吸取了大量教训而来，它不是贴在墙上的空口号，而是能实实在在地指导廉政工作。因而，那些想钻制度、法令空子的人一旦越过廉洁雷池，就必然会走向腐败的深渊、陷入贪腐的泥淖。

量变引起质变，今天违反一点规定，明天违背一项制度，积羽沉舟，用不了多久，一名原本奉公守法的党员干部就会倒在腐败的路上。制度、法律是不可逾越的红线，一个人不管身在何种工作岗位，能做到把遵守法纪当成处事标准，那么他不管做什么事情都会底气十足。

✦✦✦✦✦✦✦✦✦✦✦✦✦✦✦✦✦✦

田某是一家保险公司的业务骨干，从进入这家公司开始，他一路摸爬滚打，洒下了很多汗水才一步步成长为公司的骨干。在当地的保险市场，田某算得上小有名气，公司经理也对他刮目相看。

几年后，公司决定任命田某为出纳员，可在这个岗位上刚刚做了半年，他便开始动起了歪心思，打起了保险费的主意。

为谋取私利，田某直接采用截留保费不入账的手段侵吞公有财产，成功后便直接提取备用金供自己使用。田某非法获得

的钱财多用在享受上,他常常出入酒吧、迪厅等场所,甚至聚众赌博。他这种无组织无纪律的作风,终究得到了应有的惩罚。

案发后,有关部门对田某展开了调查。经查实,32岁的田某在不到两年的时间里,共计非法所得保费21万余元。最终,司法机关对其进行了判决。

制度、法律是尺度和准绳,违反必然会受到惩罚,这是千古不变的道理,但为什么仍然有目无组织纪律者"前腐后继"呢?

首先,缺乏对廉洁自律足够的认知。个别党员干部认为廉洁自律是官职较高的官员才要考虑的,基层干部本身权力不大,缺乏贪腐"机会",一再强调廉洁自律不是小题大做吗?也有人认为,廉洁自律、遵守法度,这些是说给当官人听的,普通老百姓怎么会与贪腐沾边呢?诸如此类的错误认知,使得贪腐有了"广度",波及的范围越来越大。

其次,缺乏自觉接受监督意识。党员干部必须要有自觉接受监督的胸怀,将其视为提升个人修为的内在的自我需求。监督是一种约束,但更是一种爱护和警戒,思想上不松懈,心理上就不会产生缺口,行动上也自然没有纰漏,从而会在身边形成无形的拒腐屏障,既能保证自己不犯错,也能抵挡住外界的干扰和侵犯。

最后,缺乏奉献意识。这已是老生常谈的话题了,可仍然有一再强调的必要性。党员干部要树立"工作只为奉献,不求索取"的崇高理想信念,要有先人后己、先公后私的高尚品德,在工作中勤勉踏实、爱岗敬业、吃苦在前、享乐在后,如此便会自觉地遵纪守法,或者说,甘于奉献的党员干部又如何会贪婪无度,欲壑难平呢?

党的十八大以来,一批党员干部相继落马,他们是活生生的违反制度、不守法令的反面教材。今天的党员干部必须"以人为鉴",在正风反腐的路上不泄劲、不掉队，不走不归路。

☆☆☆☆☆☆☆☆☆☆☆☆☆☆☆☆☆☆☆☆☆☆☆

秦国宰相赵高是一个大贪官。赵高出身低微，但很有才华。《史记》载："秦王闻高强力，通于狱法，举以为中车府令。高即私事公子胡亥，喻之决狱。"

赵高的确是一个人才，这是他受秦始皇重用的原因之一。但他也是一个心狠手辣，贪赃枉法之徒。

他长期掌握国家财政大权，侵吞、私占了大量财富，更滥用权力，强迫、收买地方官员和商人，致使朝廷财富大量外流。他还通过虚报开支等手段把国家财产变成个人财产；动用国库资金兴建奢华府邸、举办豪华宴会等。甚至于，他还曾一个晚上从国库中取走百万两黄金，只为博得一名舞姬的欢心。

在修建阿房宫的过程中，他趁机中饱私囊，将国库的珍宝财物装入个人腰包。法令、制度在他眼中不过是一纸空文。

多行不义必自毙。弄虚作假，弄权不止，贪得无厌的赵高，最终死在了自己精心安排的秦三世子婴之手。

☆☆☆☆☆☆☆☆☆☆☆☆☆☆☆☆☆☆☆☆☆☆☆

制度、法令会对人形成一定的约束，而一旦凭借权力跨越了制度和法律的界限，人就会变得无所顾忌，会为所欲为、终而自食苦果。

党员干部的心中要有一把戒尺，在制度、法令面前应做到认真而不任性，不触雷、不踩线，风清气正，心存敬畏，这样才会得到纪律的保护，而对制度、法令置若罔闻、熟视无睹者，必然会遭到法律的严惩。

今天，随着党风廉政建设工作的不断开展和深入，大部分党员干部能保持初心、守住底线，在制度、法令面前展现出党员应有的优秀品质。但仍不乏个别心存侥幸者在错误观念的影响下明知故犯、知法犯法，将自己从中央三令五申的纪律要求中抽离出来，不按规定办事，表里不一、阳奉阴违。

党员干部要做遵制度、守法令的表率，对法律心存敬畏，才能思而出乎理智、做而有所顾忌、行而不忘法纪。要做用法的楷模，厉行法治、依法办事，将法律内化于心、外化于行，把尊法学法守法用法看成一种生活自觉、一种行为习惯，积极投身为人民服务的社会建设中。

4. 慎用权，用好权

有一句话说得好："无限的权力会毁掉它的占有者。"权力从不是为个人服务的，这个再简单不过的道理，却被个别党员干部无情忽视。他们一手遮天、目无法纪，肆意使用手中的权力疯狂敛财。

当"有权不用，过期作废"在个别党员干部的内心生根发芽后，除了他们本人违法乱纪，一些亲属也会蜂拥而上，妄图"一人得道，鸡犬升天"。定力不足的党员干部会失去原则和底线，在贪腐之路上"阔步向前"。最终，等待他们的只有冰冷的铁窗。

李泉新，江西省委第三巡视组原组长，被评为全国优秀共产党员、最美奋斗者。他是一个对权力充满敬畏，始终谨慎用权、行权的好干部。"任何时候都不开特权的口子！"这是他的从政准则。李泉新常对家人说："自己的路自己走，这样才走得长、走得稳。"

李泉新从不允许亲人打着自己的旗号做事。外甥女徐小燕说："即使我们平时在家聊天，偶尔说出让舅舅帮忙的一句话，都会受到他的严厉批评。"

徐小燕大学毕业后，被分配到一个偏僻乡镇工作。为了有更好的出路，她希望舅舅可以伸出援手，帮自己调动工作。李泉新却开导她："你学农的，毛主席说农村是一片广阔的天地，到穷乡僻壤去更能锻炼你。"

后来，由于在工作中表现出色，徐小燕成为所在乡镇副科级后备干部人选。这时，有人出于好意，让她找找"关系"，这样就十拿九稳了。李泉新知道后，十分严肃地说："三令五申不准跑官要官，我是搞纪检监察工作的，岂能违反原则！"

这就是李泉新，一个不徇私情、秉公办事，始终坚守干净的行为底线，任何时候都不开特权口子，慎权慎行的好干部。

权力是把双刃剑，为民所用，就能造福社会，为己所用，就会将己刺伤，全看掌权者如何对待权力、使用权力。我国是法治国家，手中握权的党员干部在任何情况下都不能以权谋私，为所欲为，这不但违背了党的宗旨，还会给社会带来极大的危害。

如何对待和使用权力，在一定程度上会反映出党员干部党性的强弱。邓小平同志曾有这样的告诫："我们拿到这个权以后，就要谨慎。不要以为有了权就好办事，有了权就可以为所欲为，那样就非弄坏事情不可。"党员干部对权力要有天然的敬畏感，这样才能正确行使权力。

然而，仍有个别党员干部不以为意，为了个人利益滥用权力，那么这种现象是如何造成的呢？

第一，不能持续学法。学习是一件应当持续终身的事，个别党员干部却认为自己身居要职，达到了人生目标，没必要再学习了，殊不知，他们忘了与时俱进的重要性。在全面依法治国的今天，持续学习各项党规党纪是每一名党员干部必须做到的。持续地、有效地学习，会进一步筑牢廉政思想防线，让党员干部真正意识到权来自哪里、服务何人。

第二，不重视法律制度。走上歧路的党员干部认为权力大过天，有权才有一切，他们不把法律制度放在眼里。他们习惯了拍拍脑袋做决策，不能依法办事，所以做出危害党和国家、人民利益的事情。党员干部重视法律、敬畏法律制度的重要性不容忽略，法律意识的淡薄，只会助长他们滥用权力的气焰。

党员干部务必要恪守党规党纪，筑牢拒腐防线。面对手中的权力，要保持一颗平常心，戒骄戒躁，摒除私欲杂念。律人先律己，自己做到慎用权、用好权。

李林森是四川省宣汉县人，1994 年加入中国共产党，曾任四川省达州市万源市委常委、组织部部长。

对于自己的工作，李林森有着清晰的定位，他的几个"原则"令人印象深刻：

"组织部是个渡人的梯，导向至关重要。"

"贫困山区，都不容易，风气搞坏了，谁还干事？"

"以德才选干部、凭实绩用干部、靠公论定取舍！"

"重品行、重实绩、重基层、重公认！"

李林森在工作中十分"公道"，当时乡镇人事调整，一名在市委组织部工作的办公室主任被推荐为乡镇党委书记人选。

原本众人都觉得事情就这么"内定"了，可那位办公室主任却被调到了偏远地区。

这位主任心里不舒服，李林森找到他开解道："组织部的干部用在哪里，大家都关注。把你放得偏，条件是差了点，但锻炼也大……你有能力，好好干，用成绩证明自己，也为组织部争个光……"李林森的话合情合理，他对干部的任用也秉持"公道"的原则，只会把适合的人放在适合的位置，绝不因为要顾忌某人的面子而有失公允。

对待同事如此，对待自己的亲人就更为严格了。李林森的大妹妹常年在宣汉县汽车站做临时工，当哥哥的权力越来越大，她便想让哥哥为自己谋个差事。对此，李林森的回答是："好歹咱还在城里上班，条件比农村强多了。"一席话，让大妹妹也不好再说什么。

同样想借着他这个"大靠山"的还有妻子三叔的儿子。小伙子中专毕业后，他的父亲便打算让他"沾沾光"，毕竟组织部部长可是"大官"，认为在李林森身边干什么都有前途。然而，李林森的一句话让三叔和他儿子大失所望，李林森说："符合条件，就凭本事考吧。"就这样，小伙子只能自谋出路了。

2011年9月，李林森因病去世，中组部追授他"全国优秀组织工作干部"称号。

✦✦✦✦✦✦✦✦✦✦✦✦✦✦✦✦✦✦✦✦✦✦✦✦

不难看出，一个手握权力的人若做不到律己，也就很难在亲友请求办事时紧闭大门。权力最容易在亲友家人面前"变色"，只因为所求之人是自己的身边人。因此，党员干部必须严把"权力关"，不给包括亲友家人在内的任何人行方便。一旦打开闸门，必将被腐败的洪流淹没。

5. 公私有别——用权以廉、持身以正

公与私有着明显的界限，绝不能混为一谈，如果把公家的当成自家的，公权私用，为自己谋利，最终会将自己排除在清廉之士之外。

公正廉洁是做人做事的基本准则，特别是对党员干部而言，公与私更应当"拎得清"，要在自己心里划出一条分界线。

"一朝权在手，便把令来行"，这句话是个别党员干部的座右铭，他们把公权当成了个人图谋私利的工具，自以为掌握了权力就高人一等，凡事都要得到特殊照顾，这种扭曲的"权力观"害人害己。廉洁奉公永远是时代的主旋律，只有公正严明、廉洁无私的人，才能被历史铭记，被人民称颂。

☆☆☆☆☆☆☆☆☆☆☆☆☆☆☆☆☆☆☆☆

湖北省黄石市下陆区老鹳庙社区原党总支书记、全国优秀共产党员、"时代楷模"刘伦堂，是个廉洁奉公、持身以正、公而忘私的好干部。他集干净与干事于一身、勤政与廉政为一体，敦本务实、克己奉公。

1985年，时任老鹳庙村委会副主任的刘伦堂创办了水泥厂，每年都为村里创收十多万元，而后他被调到乡企业担任经理。

1989年夏，村里的水泥厂因经营不善出现严重亏损，致

第二章 严守制度，莫违党规党纪

使村民人均负债达1500多元。

党组织经过商议，将刘伦堂调回，刘伦堂临危受命，马上回村担任支书。一回到村里，他便拿出自己积攒的800元钱，还从亲朋好友处借来500多元，后又发动村民集资，迅速带领村民让水泥厂复工。在短短一年的时间内，水泥厂重现昔日风采。

刘伦堂始终把"群众的需求就是对干部的要求"这一信念放在心头，无怨无悔，事事处处出于公心。在他担任"一把手"的25年时间里，经手的社区建设项目有千个之多，但他从不以权谋私，捞取好处，始终秉公处事、廉洁自律。他还在家里定下家规：凡是社区的事，尤其是建设项目，家人一律不得插手。

有一年，他在一次家庭会议上说："人活一张脸，树活一张皮。我担任村支书25年，最看重的是让乡亲们过上好日子，要做到这样，就要清白做人、端正做事，绝不能让人戳脊梁骨。"

要正确处理公与私的关系并不难，关键就在于愿意放弃自己的利益，身居高位时不动用权力办私事，或为他人行方便，做到"公而忘私、先公后私"，遵守职业规范，提升自身素质和道德修养，便可以自然而然地做到公私分明。

"持权不贪，廉洁奉公"已成为勤廉做事的具体要求，习近平总书记指出，马克思主义权力观可以概括为两句话——权为民所赋，权为民所用。权力是人民赋予的，这已经是老生常谈了，但永不过时，对党员干部来说永远受用。如果有人错误地认为权力是自己一路打拼获得的，是上级赋予的，就会把权力看成是"因自己奋斗而来"，也就自然会用权力来回报自己昔日的辛苦付出，还哪有公与私之分呢？

因此，党员干部必须树立正确的权力观、利益观、地位观，把为民造福、为民办事作为权力行使的起点和终点，心存敬畏、严以用权，这样才能确保权力用在了"刀刃"上。

❋❋❋❋❋❋❋❋❋❋❋❋❋❋❋❋❋❋❋❋❋

某市街道办事处将甲乙两个小区确定为环卫项目示范推广单位，按规定，两个小区应该选出 19 名指导员做宣传、指导、监督等工作，政府每月会给每名指导员发放一定金额的补贴。甲乙两个小区归属当地的一家物业公司管理，19 名指导员的补贴也由该公司统一发放。

肖某是该物业公司服务部经理，他在任职的三年时间里，代表物业公司共领取指导员补贴 33 万元，全部装进了自己的腰包。而从该物业公司离职后，他居然继续冒充该物业公司客服部经理，分别冒领指导员补贴款共计 7 万元。

在此期间，肖某还委托担任某街道办事处环卫所副所长的丁某，故意放松补贴款发放审批，并许诺给丁某 10 万元的"好处费"。而后，丁某忧心忡忡，害怕东窗事发，便找到肖某商议，最终二人将所占有的多达 35 万的补贴款退还给了物业公司。

虽然二人最终"自首"，但仍然逃脱不了法律的制裁。市人民法院作出一审判决，以受贿罪判处丁某有期徒刑 8 个月，缓刑 1 年，并处罚金 10 万元；以行贿罪、职务侵占罪、诈骗罪判处肖某有期徒刑 2 年，缓刑 3 年，并处罚金 10.1 万元。

❋❋❋❋❋❋❋❋❋❋❋❋❋❋❋❋❋❋❋❋❋

利用职务之便侵占客户利益、侵占挪用公家资金、行贿受贿等为企事业单位的运行带来巨大风险的行为，都是违法用权，是职务犯罪行为。广大党员干部必须引以为戒。

正确地认识和对待公与私，对于手中握权、肩负为人民服务重担的党员干部而言意义深远。

公与私常处在天平的两端，当私心重了、杂念多了、欲求不满，利欲便会促使天平倾向于"私"，从而内心被"贪与占"挤满，导致党性原则缺失。所以，党员干部必须区分好公与私，自己拟出一份"权力清单"，明确公权与私权，做到公私分明。

《礼记》中云："大道之行也，天下为公。"党员干部唯有宽廉平正、大公无私，用权以廉、持身以正，才能确保公与私的天平端正不斜，从而抵住诱惑和利益的腐蚀，担起为人民谋幸福、为民族谋复兴的使命。

6. 遵规守矩，做个"明白人"

黑格尔说："纪律是自由的第一条件。"外力的制约和内在的约束同时作用，才会让一个人永远处于安全的范围之内。

履行岗位职责、强化廉洁意识、谨遵廉洁规定，才能做个明白人，才能真正把握好自己的角色和位置，做到"从心所欲不逾矩"。

党员干部的一言一行都代表着党和国家的形象，如若不能规范自己的言行，吃不透党规党纪，就很容易在工作中出现不到位、错位的情况，一旦越过雷池，只会换来身败名裂的下场。

✧✧✧✧✧✧✧✧✧✧✧✧✧✧✧✧✧✧✧✧✧✧✧

某农科院高级工程师、副教授颜某与他人共同研制的"××动态参数测量仪"获得了国家发明专利。之后，颜某把"××动态参数测量仪应用示范"作为项目，向科技部申请了50万元的"农业科技成果转化资金"。

这项发明颜某作出了突出的贡献，所以他成为了该应用示范项目的负责人，但他在组建项目课题组时，竟力排众议，把只有初中文化、在单位做电工工作的妻子拉了进来，做自己的助手。就这样，一个国家级科研项目被一对夫妻牢牢把持了。

项目初期一切按部就班，但时间一长，颜某动起了歪心思。他开始琢磨是否能从项目上刮出点"油水"买辆车。很快，他把自己的想法落到实处。打着"为参数仪配置一套计算机软件，提升仪器工作效率"的旗号，颜某安排妻子请人编程，虽然只花了五六千元，但他却虚报成14万元。为了把这笔钱转入自己的口袋，他再次让妻子找到一家科技公司，把这笔钱转到了该公司的账户上。扣除应缴纳的税款后，颜某将剩余的钱直接提走，存入私人账户，不久后便如愿以偿地购得了一部十多万元的小轿车。

东窗事发后，颜某被立案侦查，他的课题没了，前程也毁了。一个原本应当被推到镁光灯下接受鲜花和掌声的高级知识分子，沦为了阶下囚。

✧✧✧✧✧✧✧✧✧✧✧✧✧✧✧✧✧✧✧✧✧✧✧

对党员干部而言，每一条廉洁规定都是一道确保清廉为官的安全门，绝不能自以为是，觉得自己可以越过这扇门，成为例外。古往今来，有太多以身试法者为我们提供了样板，告诉我们一个道理：只有脚踏实地、恪守规章，才能胸怀无私天地宽。

☆☆☆☆☆☆☆☆☆☆☆☆☆☆☆☆☆☆☆☆☆

傅学俭，湖南省人大农业与农村委员会原主任，获中国好人、湖南省优秀共产党员等荣誉称号。他是一名一心一意为民，低调谦逊律己的好干部。他将"中国共产党的宗旨是为人民服务"作为行动指南，还自拟出一套"权力公式"：权力为人民＝100，权力谋私利＝0。

多年来，傅学俭始终以身作则，用实际行动践行着自己的这套"公式"。在花垣县扶贫工作中，他积极呼吁为山区贫困代课教师解决编制问题；担任省人大常委会副秘书长期间，分管近7000万元的基建项目，但从未有任何贪占行为，还将廉洁条款写入工程合同。他帮助近千名农民工成功"讨薪"，当农民工所请律师给自己"辛苦费"时，他立刻拒绝。

2021年，中共湖南省委授予傅学俭湖南省优秀共产党员荣誉称号。

☆☆☆☆☆☆☆☆☆☆☆☆☆☆☆☆☆☆☆☆☆

傅学俭一心为民，严守制度规矩，在职在岗忠诚履职，是一个政治清醒的"明白人"。如今，已经入党60多年的傅学俭，仍在正风反腐的道路上阔步前行，他曾动情地说："期盼有更多人加入进来，让全社会的廉洁之风盛行。"

纵观那些经济违法案件，十之八九是涉案人员违反了廉洁规定，不顾制度、法令的约束，强行以权谋私，究其根本，是监管不力和金钱驱动导致的。身为公职人员要清楚，集体的钱不是自己的，借助权力让公款进入自己腰包的行为万万不可取。

☆☆☆☆☆☆☆☆☆☆☆☆☆☆☆☆☆☆☆☆☆

某学校校长张某在某一年的秋季学期开学后，在校班子会议上提出，将一部分预算外的收入独立于账外，做成"小金库"，第一是为了方便日后年节送礼，第二是可以让班子成员从中多得到一些钱。参会人员纷纷表示同意。

这个"小金库"的资金，主要是从学生的补习费、借读费、员工请假工资和一些代办费而来。张某等人与学校出纳串通，以不开正式发票、不入正规账的方式截留资金，并占为己有。一到期末，张某等人便以给领导班子发放"行政津贴""电话费""值班加班费"等名义，肆无忌惮地从"小金库"中分钱。逢年过节，张某和总务处长王某还会借助年节送礼和接待的名义一次次地从"小金库"中拿钱，并将其中的大部分装进自己的口袋。

后来经法院查实，在三年时间里，张某等6人以领取津贴的名义共计在"小金库"中分得公款16万元。

最终，法院以贪污罪、受贿罪判处张某5年有期徒刑。其他涉案人员也均受到了惩罚。

古希腊哲学家德谟克利特说："凡事都有规矩。"破坏规矩的人，自然会受到规矩的惩罚。要想真正做到遵规守矩，不糊里糊涂地丧失应有的权力和自由，要牢记以下几点。

首先，不要独断专行。无论大事小事，都要依规而办，切忌拍脑袋做决策，不守规矩、不听他人的意见。尤其当决策指挥权集中在一个人手中时，权力的运作会显得更随意而不受限制，很容易发生越界、踩线行为。

其次，不要随性而为。当掌权者只凭个人意愿和喜好随意做出一些决定时，就很可能会违反规章制度。想法天马行空，脱离实际，这样又怎能做到依章办事呢？

最后，不要"秘密"行事。在符合社会运行规则的基础上，任何见不得光的行为都有悖于原则和规定，都可以视为不合法行为。党员干部一旦发现身边人做事偷偷摸摸，或者某件事令自己只能暗自操作时，那就证明这件事不合规，是容易滋生腐败的土壤和温床。

党员干部始终要坚定不移地依法办事、按规行事，不管是日常工作还是出政策、做决定，都要严格执行制度、遵守规矩，做头脑清晰的"明白人"。

第三章

自省自查，增强廉洁意识

　　自省是一面镜子，我们的所作所为都会被清楚地映照出来，继而我们会获得改正的机会。在廉政建设上，自省自查意义重大。通过不断自省自查，党员干部会充分体会到防微杜渐的效用，从而增强廉洁意识。

第二章

第三章 自省自查，增强廉洁意识

1. 自律是助廉防腐的利器

小到每日在固定的时间早起，大到一生遵守一个为人处世的准则，都需要自律才能实现。可见，自律是一个持续性行为，不能三分钟热度，更不能三天打鱼两天晒网。要想保持自律，必须要用耐力、毅力来克服懒惰、散漫等毛病，否则很难真正做到。

党员干部能否做到自律，尤其是做到廉洁自律，关乎一生的荣辱。如果党员干部做不到廉洁自律，不能逐步提升自身修养，进行自我约束、自我教育，就很难切实地履行立党为公、执政为民的职责。

内因是根本，外因是条件，外因需要通过内因起作用。如果党员干部思想作风不正、行为不端，就算身在芝兰之室，也未必能身染其"香"。这更证明了自律的重要性。

党员干部要自律，就要做到时刻遵守法度，即便没有外人的监督也要拥有强大的定力，不自我放纵。严格要求自己，防微杜渐，在一切不正当欲望、欲念处在萌芽状态时就将其斩草除根。学会与自己独处，从而净化心灵，远离贪腐。

杨震是东汉时期的名臣，年少时聪明好学，博览群书，才华出众。后来他被推荐为茂才（秀才），出任荆州刺史。在任期间，他发现王密颇有才干，于是向朝廷推荐其做了昌邑县令。再后来，杨震被调往东莱任职太守，途经昌邑县（今山东金乡县）时，王密亲自到郊外迎接杨震。

当晚，王密来到了杨震的居处，两个人很长时间没见面，高兴地聊了起来，一直聊到深夜。当王密准备起身告辞时，突然从怀中拿出黄金，放在桌上说："难得再见到恩师，所以我特地准备了一点小礼物，以报答恩师的栽培之情。"

杨震一看，道："当初之所以推荐你为孝廉，全因为你出众的才干，希望你能够做一个廉洁奉公的清官、好官。但如今你这样做，不是违背了我的初衷和对你寄予的厚望吗？如果你真的想报答我，就好好为国效力，而不是私下给我送东西。"

王密一再坚持要送，又说："现在是深夜，绝不会有外人知道，就请您收下吧！"

杨震见状，顿时神色一变，严肃地说："你这是什么话？天知、地知、我知、你知，你怎么说没人知道？难道别人不知道，你我的良心就不在了吗？"王密听杨震这样说，顿时满脸羞愧，马上把金子收起来，灰溜溜地离开了。

杨震为官自律、清廉，他的子孙后代也与普通百姓并无二致，生活得非常简朴。曾有亲友劝他为子孙后代置办一些产业，杨震断然拒绝，他说："让后世人们把他们叫作'清白吏'子孙，这样的遗产还不够丰厚吗？"

"杨震拒金"的故事至今依然被人传颂，因为他身上体现出的廉洁自律正是广大党员干部应具备的基本素养。当社会的不断发展让人们的物质生活发生了翻天巨变，摆在党员干部面前的诱惑越来越令人难以抗拒，个别意志不坚定、思想易动摇者开始腐化堕落，慢慢地向腐败的深渊滑去。

第三章 自省自查，增强廉洁意识

党员干部要想真正做到廉洁自律，可以从以下几方面入手。

第一，思想上的自律。党员干部应当始终用共产主义理想信念筑牢自己的思想堡垒，抵御不良思想的入侵，严防贪腐侵蚀，排除一切错误和消极因素，避免理想信念崩溃。这就要求党员干部坚定不移地用社会主义核心价值观武装自己的头脑，始终按照党的纲领、路线和方针、政策做事，提高自己的认知和格局，如此才会有抵御歪风邪气的力量。

第二，生活上的自律。拜金主义、极端个人主义和享乐主义是把党员干部拉下马的三种利器，当日益膨胀的欲望已经不能被个人的收入满足时，铤而走险，以权谋财就成了最佳途径。党员干部必须时刻提醒自己永葆艰苦朴素的优良作风，常怀一颗平常心，抵制奢靡的生活，不贪恋名利，克己复礼、慎独而行，保持人格的纯洁和高尚。

第三，工作上的自律。党员干部要做到公正用权，要明白权力归属，自觉按照党规党纪办事，增强工作的透明度、公开性，不搞暗箱操作，自觉接受党和人民的监督，切勿认为自己身居领导之位便可为所欲为、不按规章制度办事。

党员干部要强化自律精神，必须以"严"字当头，守住信念防线、道德防线和法纪防线，无论何时都要力求稳住心神、管住行为，且要把自己置于广大人民群众的监督之下，"自律"与"他律"并行，才会练就防腐抗变的"铜皮铁骨"。

党员干部做到廉洁自律，既利己又利人，并能同时提升个人道德和修养，从而对一切歪风邪气产生"免疫力"。反之，则势必会在利益与诱惑中失去自我。

☆☆☆☆☆☆☆☆☆☆☆☆☆☆☆☆☆☆☆☆☆☆☆☆☆☆

明朝中期宦官刘瑾，是在利益与诱惑中逐渐迷失自我，并最终丧命的典型。他落得"千刀万剐"的下场，归根结底就在于毫无律己之心，即便权力、财富早已达到常人无法企及的程度，却仍然贪得无厌，最后居然产生"篡位之心"。

贪婪的刘瑾善于利用世人的畏惧和谄媚心理搜刮钱财。有些官吏为了晋升，不得不贿赂刘瑾，比如刘宇。刘宇在刚上任巡抚时，用万金贿赂刘瑾，刘瑾大喜，此后刘宇不断行贿，自己的官职也慢慢升至兵部尚书。

还有些人向刘瑾行贿是为避免被打击报复，只要进京朝拜述职，都会给刘瑾准备"拜见礼"，倘若想升官还要准备重金"谢"刘瑾，美其名曰"谢礼"。除了"被行贿"，刘瑾还会主动索贿。

御史涂祯奉命到长芦盐场巡盐，刘瑾便让手下人去贩卖私盐，还让人向涂祯索要海货，被涂祯拒绝。回京后，涂祯见到刘瑾只是做长揖行礼，没有跪拜，刘瑾便让锦衣卫将涂祯送进监狱。刘瑾类似的主动索贿行为不胜枚举，他依靠这种方式既能获得财富，又能试探官员，对他来说可谓一石二鸟。

然而，贪婪的刘瑾怎么也想不到，自己种种肆无忌惮的做法早已为悲惨的结局埋下了祸根。最终，不能约束自己的刘瑾因谋反罪被处以凌迟，他终究为自己的放纵和贪婪付出了代价。

✿✿✿✿✿✿✿✿✿✿✿✿✿✿✿✿✿✿✿✿✿✿✿✿✿✿✿✿✿

为官从政者，当律己正心，修身慎行，严格约束自己的言行举止，崇廉尚洁，弘扬清风正气。

新时代的党员干部要常怀律己之心，严守从政底线，严格约束自己，做到表里如一。要善于自我净化、自我完善、自我革新、自我提高，拒绝一切"闯红灯、越红线"的行为，每天"照照镜子"，以保身心无垢。

2. 严于律己，坚守清廉

一个不能约束自己的人，很难获得成功的垂爱。党员干部必须严于律己，把自我约束、自我规范印刻到骨子里，消除个人利益为先的不健康思想，牢记入党誓词，真正把心用在为民解忧、为民造福上。

党员干部不论权力大小，都存在被腐蚀的潜在风险。能力越大、责任越大，同理，职位越高，风险越高。关键就在于党员干部能否对自己提出严格要求，用一颗诚意正人之心约束自己，先"律己"再"律人"。

✫✫✫✫✫✫✫✫✫✫✫✫✫✫✫✫✫✫✫✫✫✫✫

张衡是东汉时期著名的天文学家、地理学家、发明家。永初五年（公元 111 年），张衡应召入京，先任郎中，后为太史令。他在任期间，清正廉洁，克己奉公，淡泊功名利禄。

公元 136 年，张衡成为河间王刘正的国相。当时，官场风气浑浊不堪，执法严明的张衡便加强了对豪强劣绅的打击。一些富商便动起了歪脑筋，想收买张衡，希望他能"高抬贵手"，成为他们获利的"保护伞"。于是，富商们便给张衡送去了价值不菲的金银珠宝来贿赂他。

清廉正直的张衡当然不为所动，断然拒绝了富商们的贿赂，并让送礼者转告他们要严守法度，绝不能胡作非为，不然严查严办！富商们吃了闭门羹，可还是贼心不死，此后又多次以各种方式给张衡送礼，都被张衡拒收了。就这样，在张衡的拒贿和对不法富商的严惩之下，没用多长时间，整个郡的面貌便焕然一新，民风清明、百业兴盛。

　　《后汉书·张衡传》中记载："衡下车，治威严，整法度，阴知奸党名姓，一时收擒，上下肃然，称为政理。"

✳✳✳✳✳✳✳✳✳✳✳✳✳✳

　　张衡不但因发明了"地动仪"举世闻名，也因严于律己、反腐拒贿而为后人所称颂。对自己提出高标准、严要求，是很多建功立业者的性格特质。党员干部必须做到警钟长鸣，不断提升自身抗腐拒变的能力，带头做到令行禁止。

　　党员干部心中有"廉"，自然会在行动中体现出来。在这个万象更新、生机勃勃的时代，党员干部更要懂得顺应时代发展的潮流，跟上社会前行的步伐，才能站稳脚跟。这就需要党员干部不断提升对自我的约束力，杜绝心思不纯、品质败坏和行为不轨，勇于在实践中承认和改正错误，敢于直面问题、自我修正，这样才不失为一名廉洁自律、恪守党规的好干部。

✳✳✳✳✳✳✳✳✳✳✳✳✳✳

　　姚义堂，国家开发银行广西分行评审一处副处长，先后获得广西银行业"青年志愿服务进基层"活动先进个人、广西壮族自治区优秀贫困村党组织第一书记、广西金融系统优秀共青团干部、广西金融五一劳动奖章及全国金融五一劳动奖章等荣誉。

　　十多年来，姚义堂始终坚持律己修身，并以"干一行、

第三章 自省自查，增强廉洁意识

爱一行、精一行"的理念深耕自己，逐步成长为有干事底气、担当勇气、创新灵气、廉洁清气的优秀干部。

在工作中，姚义堂更是把"守住第一次，守住每一次"作为廉洁从政的金科玉律，他说："一乃万物之始，世界上任何事物的发展变化都有一个由小到大，从量变到质变的过程，初之不慎，必有后患。"为此，对待工作，他始终心存敬畏，如履薄冰，面对诱惑不动摇、面对利益守得住，持正守廉、自律自持。

在与客户交往过程中，姚义堂秉持"崇尚廉洁、以清为美、以廉为荣"的价值理念，严守开发银行廉洁从业制度规定，力求打造清爽、干净的合作关系。

一次，在评审某个项目的过程中，客户怕进度慢，便想方设法与姚义堂取得联系，打算送点土特产聊表心意，其实是希望姚义堂可以"行方便"。姚义堂明确表示不会收礼，同时耐心地向客户解释了项目进展以及要解决的问题，最终该项目按时完成，他既得到了客户的尊重，更展现了作为共产党员的"律己"本色。

除了在工作中严以律己，在生活中，姚义堂也十分重视廉与德。他坚持以德治家、以廉护家；同时，以身作则，引导身边人廉洁从业，积极倡导清正廉洁的风尚。

清廉是修身之本、为政之道、成事之要，是律己的"紧箍咒"，也是做事的"试金石"。历史上许多清廉的为官者都是"律人先律己"的典范。

三国时期，蜀国境内之所以能实现"刑法虽峻而无怨者"

的局面，与蜀相诸葛亮严于律己、清廉从政密不可分。诸葛亮一生都在践行"抚百姓，示官职，从权制，开诚心，布公道"的准则。

诸葛亮感动于刘备"三顾茅庐"而出山，追随刘备南征北战，屡建奇功。刘备死后，诸葛亮担起了匡扶汉室的重担，事无巨细，面面俱到。他不但对自己要求严苛，对子侄也同样提出了高要求，告诫他们不要因他的位高而觉得家人应当享受特权。他曾派遣侄儿诸葛乔和其他将士子弟一同率兵在深山险谷中转运军粮，并给兄长诸葛瑾写信表示，诸葛乔原本应该回到成都，但是"今诸将子弟，皆得传运，思惟宜同荣辱"。

在马谡失街亭后，他向后主刘禅请求责罚，愿意"自贬三等"，此后在处理政事上更加勤勉、敬业。"夙兴夜寐，罚二十已上，皆亲览焉；所啖食不至数升"，由此可以看出诸葛亮是怎样的殚精竭虑。

由于心力交瘁、积劳成疾，他离开人世时年仅54岁，也以自己的所行所为兑现了"鞠躬尽瘁，死而后已"的诺言。

诸葛亮在世时，曾给后主刘禅呈上了一份奏章，其中对他个人的财产、收入进行了申报："成都有桑八百株，薄田十五顷，子弟衣食，自有余饶。至于臣在外任，无别调度，随身衣食，悉仰于官，不别治生，以长尺寸。若死之日，不使内有余帛，外有赢财，以负陛下。"一代名相、贤相只有一点微不足道的财产，实在令人惊诧。

诸葛亮去世后，按照他的遗嘱，葬在了汉中定军山，葬礼也筹办得十分简单。入殓时，他只穿着平时的便服，也没有其他陪葬品。这都是他在生前就交代好的。

诸葛亮用自己的行动诠释了什么叫严于律己、清廉为官，他谨守法规法纪，不因为自己的身份而区别对待子侄。反观个别党员干部，即便面前没有诱惑，也会主动寻找诱惑，渴望手中的权力能为他人行方便、为自己谋利益，于是贪污腐化、自甘堕落，渐渐踏进了犯罪的深渊。

综合日常工作实际和党员干部应具备的自身修养，可以从以下几方面入手，杜绝贪污腐败。

第一，严控思想不滑坡。党员干部要坚守共产党人的理想信念，筑牢廉洁从政之基，做到先正思想，再正其身。一个人的思想不坚定，就做不到主动抵御诱惑的侵袭，就容易在大是大非面前发生摇摆，势必经受不住风浪和诱惑的考验。

第二，工作清正廉洁、生活勤俭节约。党员干部首先应当在工作中做到廉洁，加强自身修养。权为民所用、情为民所系、利为民所谋，这应当成为党员干部的工作守则和信条。把时间、精力、才华放在为人民服务上，而在生活上，党员干部则要力求节俭、杜绝奢华，远离灯红酒绿、声色犬马。

第三，肃清个人交际圈。党员干部要树立正确、健康的择友观，这是肃清交友圈的关键。在人际交往中，党员干部必须擦亮双眼，看清与己结交之人的本质，远离那些阿谀奉承、是非不分、黑白颠倒的人。诚然，别有用心之人常常会把自己伪装成"好人、善人"，可他们唯利是图的本性永远不会改变，党员干部只要坚定理想、谨守原则，就能一眼识别。

百行德为先，治政廉为首。党员干部要系好廉洁"安全带"，把稳廉洁"方向盘"，常以先锋模范人物为榜样，不断锤炼自己，提升自身素养，牢记"信念坚定、对党忠诚、实事求是、担当作为"的要求，同时牢记前车之鉴，绷紧纪律之弦，走好勤政廉洁每一步。

3. 抵住诱惑，把欲望关进牢笼

宋代理学大家程颐说："一念之欲不能制，而祸流于滔天。"古往今来，因为不能克制自己的欲望而对金钱、权力和美色等毫无抵抗力，最终身败名裂，堕入万劫不复深渊的例子数不胜数。一个人不能控制住自己一时的贪欲，必然会酿成滔天大祸。

党员干部必须要有自制力、自控力，要遏制内心的邪念欲望，严格防范并控制一切不当之念，避免背离清廉轨道。

人生在世，总会面临各种各样的诱惑，党员干部能否抵住诱惑，加强自我控制，把过度的欲望关进牢笼之中，就显得尤为重要。

☆☆☆☆☆☆☆☆☆☆☆☆☆☆☆☆☆☆☆☆☆

王树英，著名神经外科专家、世界神经外科学会会员、全国五一劳动奖章获得者、全国卫生系统先进个人。他是个永远把"救死扶伤"作为本分的人，至于金钱利益，从不曾蒙蔽他的内心。

"医生的职业就是救死扶伤，不能让钱和利益迷住了心窍，严于律己，是我做人的原则。"当王树英听到有些人说，身为著名专家，每天都会有很多患者排队等他医治，会抢着给他"送钱"时，他如此说道。

曾有一名罹患肿瘤疾病的患者和家属找到王树英，向他哭

第三章 自省自查，增强廉洁意识

诉求医治病的艰辛，更跪倒在地希望王树英可以出手相救。王树英一边搀扶，一边表示会竭尽所能。患者家属趁机往王树英的口袋里塞了一个厚厚的信封。王树英见状，面露不悦地说："你这是干啥，你把我当成啥人了！"患者家属说他不收不放心，王树英为了安抚他们的情绪，便只好收下了信封。

手术结束后，王树英把患者家属叫到办公室，真诚地说："我们医生不是为了钱才收治病人的，治病救人是我们的本分。你硬给我送钱，是受了社会上不良言论的影响，也是对我的不尊重，现在手术已做完，而且很成功，你大可放心了。你现在必须把钱拿走，这可不是和你开玩笑，也请你转告新来的病人，告诉他们医院是不收红包的。"病人得了这么大的病，治病需花不少钱，你们挣钱不容易，不能乱糟蹋！"

医者仁心，这四个字用在王树英身上再合适不过。还有一次，一位70岁的老太太带了一些家乡土特产来看王树英。原来，很多年前，老太太就是在王树英的治疗下才捡回了一条命。王树英从不收任何人的财物，但这位老太太非送不可，无奈之下，王树英让爱人去超市买了其他礼品回送后才收了那些土特产。王树英的爱人笑他有些太古板，王树英却说："小利咱不沾，恶名离咱远。咱不能为了占小便宜，坏了名节呀！"

※※※※※※※※※※※※※※※※※※※※※※※※※※

任何形式的诱惑都无法攻破王树英内心的廉洁堡垒，他不为名利，清廉自守，用自己的实际行动展示了一名优秀共产党员的风采，也凸显了自身的崇高品格。

反观现实中某些私欲过重的党员干部，他们以权谋私，公权私用，且毫无顾忌地将个人欲望凌驾于党纪国法之上，物质的诱惑让他们扭曲了价值观、权力观，他们视党规党纪如无物，把党和国家、人民赋予的权力作为满足个人贪欲的工具。

有这样一句话:"人心高过天,做了皇帝想成仙。"如果一个人欲望无度,身在福中不知福,为满足贪婪之心而毫无节制地拼命索取,那么他最终必然会倒在自己的贪心面前。

"不贪为宝",党员干部应当守住自己心中的"宝",这里的"宝"不是钱财,不是权力,而是廉洁、自律。

清廉为民的党员干部会在充满诱惑的环境中牢记使命,自我反省、自我修正,谨守道德底线和法律防线,做到自觉地遵守党规党纪,不碰红线。"源澄而流清,源浑而流浊",一个人不能控制欲望之源,所行所为必将有失准则;若能正本清源,控制欲望,也就能管住心、管住手,做到拒腐立身。

✰✰✰✰✰✰✰✰✰✰✰✰✰✰✰✰✰✰✰✰✰

清代文学家、画家郑板桥是有名的清官,他那首《竹石》:"咬定青山不放松,立根原在破岩中。千磨万击还坚劲,任尔东西南北风。"也明确地向世人表明了个人心迹。他痛恨贪污腐败,对欺上瞒下的行为更是恨之入骨。

郑板桥直到40多岁先后任山东范县和潍县的知县。上任之初,他便先让手下人把县衙门的墙壁凿出许多洞,用他的话说,这叫:"出前官恶俗耳。"意思是将前任以及县衙积存已久的贪腐之风和弊病一一消除。

郑板桥在任期间,清正廉洁、为国为民,从不收礼行贿,始终把百姓放在第一位,受到了当地百姓的爱戴。当时,很多官员在任期内会大量购买土地,以备填补家用和退休后养老之用。郑板桥对这种不良风气深恶痛绝,他的想法是:如果自己

第三章 自省自查，增强廉洁意识

买多了，那些没有多余钱财购买土地的穷苦百姓就会失去原本应有的份额，他认为这是一种罪过，是坚决不能做的。他说："天下无田无业者多矣，我独何人，贪求无厌，穷民将何所措足乎？"

郑板桥一心为民，他不愿意为了个人私利而弃百姓于不顾，这也是他被后人铭记的一个原因。清廉的郑板桥在61岁那年被免去了潍县知县的职务，因为他不愿看到"人吃人"的人间惨状而私自开仓放粮，所以被别有用心之人抓住了"把柄"。

离开潍县时，郑板桥带走的只有一些书和乐器，以及个人的简单行囊。当时送行的百姓自发而来，长达数百里。郑板桥在感动之下，画竹题诗："乌纱掷去不为官，囊橐萧萧两袖寒。写取一枝清瘦竹，秋风江上作渔竿。"

✬✬✬✬✬✬✬✬✬✬✬✬✬✬✬✬✬✬✬✬✬✬✬✬✬

人需要欲望的驱动才能持续奋斗、实现理想、创造价值。只是欲望应当起到积极推动个人实现理想的作用，而不是化身为无尽的贪念，而后通过走捷径来满足私欲，达到自我享受的目的。

做人要经得住诱惑，从政要经得住考验，古往今来，很多名人志士和清官贤相都用实际行动向我们诠释了守住底线的意义，他们所奉行的处世准则和为官之道也应被今天的党员干部借鉴。

党员干部要时时提醒自己，人前人后保持一致，切勿在缺乏监督时放纵自己，这无疑会害人害己。无论在什么样的环境下，都应自律自省、自发自愿地抗腐、防腐，践行"全心全意为人民服务"的宗旨，杜绝一切有悖于人民利益的行为。

另外，要保持平常心，不要总是关注他人的优渥生活，那样很容易产生"不平衡"心理，继而燃起过度的欲望，妄图借助权力为自己谋利，以达到与他人"同一水平"的目的。以权谋私，贪欲过度，对诱惑毫无抵抗力，又如何成为真正为事业、为集体、为家庭、为自己负责的拥有健全人格的人呢？

4. 自省吾身，保持清醒的头脑

《亢仓子·训道篇》中云："人有偏蔽，终身莫自知己乎？贤者见之宽恕而不言，小人暴爱而溢言，亲戚怜嫉而贰言。人有偏蔽，恶乎不自知哉？是故君子检身常若有过。"这段话的大意是：人都有缺点，难道一辈子都无法做到自省自知吗？对于人的缺点，贤能之人因为宽宏大量而不直接指出，小人却为了求取偏爱而极尽赞誉之词，亲属会因为同情、怜悯和爱护而不当面揭穿，所以人的缺点必须靠自知。真正的君子都是能够时常自我反省的人，好像知道自己常常会有缺点和过错一般。

《荀子·劝学》中也有"君子博学而日参省乎己，则知明而行无过矣"的观点，这都是在说明自省自查的重要性。党员干部时常自省自查、自我纠错，积极修正自身错误，做到自警、自重、自励，才能从思想上筑牢反腐堤坝。

ㆍㆍㆍㆍㆍㆍㆍㆍㆍㆍㆍㆍㆍㆍㆍㆍㆍㆍㆍㆍㆍㆍㆍㆍㆍㆍㆍㆍㆍㆍㆍㆍㆍㆍ

曾任江西省萍乡市莲花县甘家小学校长的龚全珍，是开国将军甘祖昌的妻子。她曾获得第四届全国道德模范称号，"感动中国"2013年度十大人物，当选江西省首届"感动江西十大教育年度人物",2019年7月26日,被表彰为"全国模范退役军人",同年9月25日被授予"最美奋斗者"称号。

龚全珍是个善于反躬自省的人,她在学习《整顿党的作风》后,开始自我反思:"我为什么会对学生发脾气?我忘记了我是人民的勤务员。"每每想到丈夫甘祖昌的所作所为,她更是扪心自问:"甘祖昌支援农业拿出了他工资的大部分。我为教育事业贡献了多少?不多。"

这种自省,让龚全珍始终保持本色、奉献不止。她通过不断对照和反省,一次次找到自身的差距,促使自己一直向前。

☆☆☆☆☆☆☆☆☆☆☆☆☆☆☆☆☆☆☆☆☆☆☆☆☆

人非圣贤,所以理当常省吾身。自省,是发现问题、改正问题,从而提升自我的有效方式。

通过自省,我们可以审视自己的短板和缺陷,督促自己不断学习、弥补缺点、克服弱点,提升思想境界,是非常必要,也是极具价值的。

唐太宗李世民说:"以铜为镜,可以正衣冠;以古为镜,可以知兴替;以人为镜,可以明得失。"这句话充分地道出了自省的重要性,而他本人也是一个善于自省自查、自我反思的人,不因为自己是一国之君而恣意妄为。他任用正直不阿的魏征等贤臣良相,积极听取并采纳他们的意见,并与自身情况相结合,进行深入的反思、省身。正是李世民的这种自省,才使得他在位时期国泰民安、政治清明,被称为"贞观之治"。

在教诲太子李治时,李世民仍然不忘反省自己的一生:你要把历史上的古代贤明帝王作为学习的榜样,不要以我为典范。我做了很多错事,"吾居位以来……锦绣珠玉,不绝于前,宫室台榭,屡有兴作,犬马鹰隼,无远不致,行游四方,供顿劳烦",这些都是大错。自省即与自我对话，察觉自身缺漏，降低犯错频率，为提升自我提供契机。逆境时要自省，顺境时更要自省，在自省中总结过去、规划未来。自省不是盲目的自责，是往好的一面引导自己的思想言行。

古往今来，有成就的人大都重视随时省察自身，他们看重每一个可引发负向结果的诱因，这正是帮助他们建立功勋的思想基础。

黄文秀是全国五一劳动奖章获得者、第七届全国道德模范、全国敬业奉献模范、最美奋斗者、全国优秀共产党员、感动中国 2019 年度人物、全国脱贫攻坚楷模、"七一勋章"获得者。

她在工作之初虽然有很多设想，可有些不切实际、但她善于反省，也喜欢听意见、找差距。她担任第一书记的百坭村，是广西百色市乐业县新化镇的一个贫困山村，不少村民抱着"我们这里穷了那么多年，真的能脱贫吗"的想法。黄文秀为了改变这一切，踏踏实实地做起了调查工作。

她俯下身子，走进村民的家里，每天都用心倾听村民的诉求，用本子记录每家每户的情况，还会把自己的扶贫规划、乡村的致富路子告诉大家。当村民们对她的想法提出异议时，她也会虚心接受，并一一记录，回去后再查找资料，订正修改，再拟定更可行的方案。

有村民反映黄文秀说普通话导致沟通不畅，她马上练起了当地的方言；有村民说她对当地的经济情况了解太少，她便隔三岔五去田里调研……在这样的不断自我提升中，黄文秀最终拿出了发展砂糖橘种植的扶贫计划。这份计划让百坭村种植砂糖橘的贫困户每户增收 2500 余元，帮助村民实现了致富创收。

自我反省，虚心求教，这是黄文秀身上的优秀品质。一个善于反省的人，总是能清楚地看到自身的缺点和不足，而后修正自我、提升自我。更重要的是，习惯于自省己身的人，会时刻保持清醒冷静的头脑，知道什么该做，什么不该做，做到行有所止，欲有所制。在正风反腐工作中，党员干部尤其要做到"三省吾身"。

党员干部要意识到"自纠等于自救"，通过自省，切实地清除身体里的"毒瘤"和"病虫"，以获得健康的肌体。

如果不注重自省，一旦思想偏离轨道，就随时可能陷入"人见利而不见害，鱼见食而不见钩"的陷阱，随时都可能被糖衣裹着的炮弹击倒，一点点放纵自己，一步步沦为阶下囚。

春秋时期，越王勾践一意孤行，不听下属的劝阻，贸然入侵吴国，结果被吴国打败，他本人也成了吴王夫差的奴仆。在结束了三年的屈辱生活后，他才回到自己的国土。

回国之后，勾践"卧薪尝胆"，每天都反省自己曾经犯下的错误，一心改过。当他慢慢地纠正思想、改正错误后，越国国力也日渐昌盛，逐渐强大起来，而后兴兵伐吴，一雪前耻。

古语云，小人无错，君子常过。意思是说：小人总是喜欢指责别人，认为错的永远是别人，也常把错归咎于他人；君子则常常反躬自省，反思自己的过错。

自省，是越王勾践可以成功复国的一个重要因素。对今天的广大党员干部来说，自省更是为官从政的必修课。通过自省，党员干部才能正确认识自我、评价自我，继而扬长避短，不断完善自我。自省也是党员干部自我净化的重要途径，经常自省，方能守规矩、明底线、知敬畏。

5. 坚持"六慎",克己复礼

古人云:"欲人不知,莫若无为;欲无悔吝,不若守慎。"党员干部为官从政,应持有"如履薄冰、如临深渊"的谨慎心态,凡事都应对自己有高标准、严要求,在任何诱惑面前都要做到"气定神闲",而要想做到这一点,务必坚持"六慎"。

第一,慎初。这是一种高境界的修为,更是对人格的自省。初即初次、第一次,也就是要守住第一关、严控第一次。有道是"百年养德难,一日丧德易",清廉和腐败只隔着一层纸,轻轻一捅就破。因此,党员干部要有警惕之心,严于律己,切勿在不知不觉中打开贪腐闸门。

☆☆☆☆☆☆☆☆☆☆☆☆☆☆☆☆☆☆☆☆☆☆☆☆

陆贽是唐德宗时期一名清廉的官员,曾官至宰相,他从不贪污受贿,唐德宗本人也认为他太过"清慎"(清廉谨慎)。一次,出于对陆贽的关心,唐德宗对他说:"你不能拒绝一切馈赠啊,那样不利于你办事,你也会在办事的过程中碰到一些阻碍和麻烦。你可以不收贵重的礼物,不过像马鞭、靴子一类的薄礼,直接收下也没什么不妥。"

陆贽并不赞同唐德宗的观点,他回答道:"利于小者必害于大,贿道一开,展转滋厚,鞭靴不已,必及衣裘;衣裘不已,必及币帛;币帛不已,必及车舆;车舆不已,必及金璧。

禅语云'贪除则五盖尽去，犹如破竹，初节既破，余节皆去'。"意思是，贪小利的人最终一定会吃大亏，如果贪婪的"口子"一旦打开，胃口自然越来越大。鞋靴无法满足了，就会收取华服袭衣；华服袭衣无法满足了，就要开始收钱、车轿，以及黄金、玉璧。禅语说，贪婪会掩盖住人的真性，就像刀子劈开竹子一样，第一节破了，其他的节也会随之破掉。

"物必先腐也，而后虫生之"，当牢固的思想堡垒产生缺口，廉洁的大门也就等于有了破损。贪腐也是如此，大腐皆从小贪来，如果在发生小贪时不能及时制止，等到演变成大腐败时便为时已晚。

第二，慎欲。林则徐说："壁立千仞，无欲则刚。"欲望是每个人的本能，是与生俱来的，它不是洪水猛兽，有时甚至是推动人类进步的驱动力，具有一体两面性。合理且在可控范围内的欲望能引导我们一路向前，达成高远的目标，成为我们迈向更高人生层次的推动力。而当欲望过分膨胀，则会产生恶果。

清代小说《解人颐》一书中有一首打油诗，读来令人深思，诗云："终日奔波只为饥，方才一饱便思衣。衣食两般皆俱足，又想娇容美貌妻。娶得美妻生下子，恨无田地少根基。买到田园多广阔，出入无船少马骑。槽头扣了骡和马，叹无官职被人欺。县丞主簿还嫌小，又要朝中挂紫衣。做了皇帝求仙术，更想登天跨鹤飞。若要世人心里足，除是南柯一梦兮。"

这首打油诗可谓将人无尽的贪欲刻画得入木三分。虽然这只是小说中出现的诗句，但诗中的现象和背后的深意，直至今日仍有它的现实意义。

慎欲，即节制自己的欲望，经得住诱惑、耐得住寂寞，甘守清贫，不可因私欲而放纵，因贪小利而铸大错、上大当。很多腐败都是从小小的欲望开始的，一条烟、一瓶酒、一张购物卡，由此换取的是为他人"签个字""批个条"。在个别人的认知里，这是举手之劳，只是拿了一点东西或一点点好处费，会有什么事呢？殊不知，一点变成一面，一面变成一体，最终自己在不经意间便亲手搭建出一栋腐败的大厦。

党员干部手中的权力会吸引心怀叵测的不法之徒，他们会布下诱惑和陷阱，倘使党员干部党性修炼不够、自身修养不高，思想松懈、失去定力，就极容易落入陷阱，与不法之徒同流合污，最终自毁前程。

第三，慎微。古语云："道自微而生，祸自微而成。"慎微意在告诫我们，要时刻注意细微小事，"勿以恶小而为之"，即不要因为坏事小就去做它，这句话党员干部应牢记于心。

古往今来，因为不拘"小节"而让一个人失去自由甚至丢掉性命的例子不胜枚举。清代学者唐甄说："一指之穴，能涸千里之河；一脔之味，能败十世之德。"党员干部切莫因小失大，倒在"小恩惠""小意思"上。

"不矜细行，终累大德"，党员干部必须处处把握好自己，不忘初心，坚守廉洁从政的原则，从身边的不良作风抓起，拒毫末之错于千里之外。

✿✿✿✿✿✿✿✿✿✿✿✿✿✿✿✿✿✿✿✿✿✿✿✿✿✿

某市内河管理所原所长邵某是个精明能干的人。有一年，市里的水质出了问题，发黑发臭，一时间难倒了很多人，这时邵某想出了办法，成功解决了难题。大家对此交口称赞。可是，短短两年时间，邵某的"工作重心"发生了转移。

因为工作的关系，邵某常常与一些建筑公司的主管、经理来往，一来二去，很多人都成了他的"好哥们儿""好兄弟"。

这些人都有各自的目的，先是以联络感情为名请邵某吃饭,慢慢地,他们会送给邵某一些小礼物或是购物卡、兑换券等,这些东西虽然价值不高,却让邵某逐渐卸下心理防备。邵某没有多想,一一收下了。他觉得这些小礼物不过是哥们儿、兄弟之间正常的礼尚往来,是"小意思",至多算是灰色收入,与违法乱纪根本不沾边儿。

后来,邵某的工作范畴开始扩大,他更毫无顾忌地在整治工程的承接、监理、测绘、拨付工程款等事宜上给予所谓的哥们儿、兄弟更多的关照,这些哥们儿、兄弟也不让邵某白忙,会主动送上"感谢费"。邵某觉得这种"模式"毫无问题,因为每次所收取的都是"小意思",不是大额现金和昂贵礼物。

直到案发后,经过检察机关的核查,邵某才意识到自己在不知不觉中已经收取了超过7万元的现金和折算有5万元的购物卡、加油卡。最终,邵某为自己的行为付出了代价,因受贿罪被判处5年零8个月有期徒刑,并处没收个人财产1万元。

生活中有很多不注重"小节"的人,认为吃一顿饭、喝一瓶酒算不上什么事,然而正是这些容易被忽视的细枝末节,会让人苦心筑成的廉洁堡垒轰然倒塌。

第四,慎权。即要正确地看待手中的权力。个别党员干部把公权当成私权,产生"有权不用、过期作废"的错误思想,把"捞实惠"当成做官唯一的价值取向。这无疑会给党和国家、人民造成巨大的损失,最终被钉在历史的耻辱柱上。

第五，慎独。要想做到慎独，关键在于培养和加强个人自控力，洁身自好，不为"酒色财气"所迷、所累，自觉遵守道德规范，廉洁奉公、勤俭朴素，从而培养一种庄重、豁达和正直的气度。

第六，慎终。党员干部退休前需要把手中权力移交给他人之时，要保持当初接过权力时的纯净心态，做到保住晚节、老马不失蹄。然而在现实中，个别党员干部即将安享晚年，却因为抵挡不住诱惑，而走上贪污腐败之路，让自己的人生走到穷途末路。这种结局实在令人唏嘘。党员干部要时刻绷紧廉洁弦，切莫因为一时大意而毁掉大半生艰苦奋斗得来的成果。

6. 剖析自我，坚定信仰

古希腊德尔菲城的帕特农神庙里，刻着苏格拉底的一句名言：认识你自己。一个人最难做到的事情就是正确认识自己，也许你会感到奇怪：自己难道不是最了解自己的人吗？从哲学上说，越是我们熟悉的东西就越难真正地认识。这就要求我们学会并善于剖析自我，让自己多"照镜子、正衣冠、洗洗澡、治治病"——这也是广大党员干部要积极参与并努力修炼的四个方面。

什么是"照镜子"？就是党员干部必须依循党章、纪律和民众的期盼，以此为镜，在实践中改进自己的工作作风，在廉洁自律上找差距、明方向。

什么是"正衣冠"？就是遵守廉洁务实的要求，敢于正视自己的缺点和不足，从我做起，端正自己的品行，担起党员义务、谨遵党规党纪。

什么是"洗洗澡"？就是要全面、有效地开展自我批评，深入分析问题产生的原因，擦拭思想上及行为上的尘埃，擦亮党员干部的清廉底色。

什么是"治治病"？就是遵从惩前毖后的方针，做到对症下药，当作风出问题时，要对干部进行教育并督促他们进行自我教育，将不正之风彻底消杀殆尽。

通过以上四个方面的"自我剖析"，党员干部在工作和生活中可以做到有的放矢，明确什么该做、什么不该做，以及怎么做等。敢于自我剖析的人都是有勇气、有胆量的人，自我剖析不仅是正视内心，也是进一步提升自己的过程。

☆☆☆☆☆☆☆☆☆☆☆☆☆☆☆☆☆☆☆☆

春秋时期著名思想家、政治家、外交家晏子，是一个头脑灵活、办事机警、尊礼尚贤的人，也是一个自我要求严格的人，他常常要求下属给自己提意见，以便能够知道自己的对错。

有一个"高缭无过"的故事，说的是高缭在晏子手下为官三年，从没做过错事，但是晏子却免了他的职务。晏子身边的人很奇怪，说高缭在过去三年中一直勤勤恳恳、做事稳健，不给他升职就算了，为什么要免职呢？

晏子说："一块弯曲的木料，需要借助规矩来定方圆，要用斧子削、用刨子刨，才能打造出一件好器具。我这个人有很多缺点，在我手下任职的这些人就如同规、矩、斧子和刨子，他们的作用是修掉我身上不好的地方，协助我更好地辅佐齐王治理齐国。但是高缭与我共事三年，却从未对我的缺点、错误提过一点批评意见，更不要说纠正了。我不是圣贤，在处理政事上自然会有失误，可是高缭只是称赞我、顺从我，这对我更好地为国效力没有半点好处。我决定免去他的职务，正因为'高缭无过'。"

了解自己，明白自己必须借助"外力"来促使自己改变。从这个层面来看，晏子能够成为著名的思想家、政治家和外交家，有能力辅佐一国之君，也是理所当然的。

曾子说："吾日三省吾身——为人谋而不忠乎？与朋友交而不信乎？传不习乎？"这句话的大意是：我每天都会反省很多次，是否尽心尽力地为别人谋虑？是否真诚地与朋友交往？是否按时复习了所学习的内容？曾子的反省让他一步步完善了自己，最终成为儒家主要代表人物之一。

信仰是一种精神力量，高尚且坚定的信仰可以净化人的灵魂，并能催人奋进。党员干部拥有坚定的信仰，心怀国家和人民，就会为了国家、人民的利益加强修养、提升思想道德素质，会更积极地投身于党的伟大事业中。

一位出身地主家庭的书生，选择了马克思主义信仰。留学归国后毫不留恋荣华富贵，当众将大量田契铺约逐一烧毁，奋不顾身投入革命的大潮之中，发动并领导了广东海陆丰农民武装起义，建立起海丰、陆丰苏维埃政府，这也是中国首个农村苏维埃政权。他叫彭湃，牺牲时年仅33岁。

还有一位共产党人参与领导了广州起义，在"白色恐怖"下的广州与陈铁军假扮夫妻，重建党的机关组织。后因被叛徒出卖，他和陈铁军双双被俘。在狱中，他们饱受酷刑，但仍然坚定自己的初心和信仰，在行刑前，他在狱中的墙壁上留下了振聋发聩的诗句："头可断，肢可折，革命精神不可灭。壮士头颅为党落，好汉身躯为群裂。"他就是革命烈士周文雍。

☆☆☆☆☆☆☆☆☆☆☆☆☆☆☆☆☆☆☆☆☆☆☆☆☆

党员干部拥有坚定的信仰，就不会"逾矩"，也不会从心所欲，因为他们知道肩膀上一边是国家和人民。

第四章

防患未然，勿让恶习缠身

勿以恶小而为之。党员干部要加强自身道德修养，培养健康的生活情趣，不沾染不良习气，以防为别有用心之人提供可乘之机。无论在生活中还是工作中，都要警钟长鸣，保持清醒的头脑，避免一不小心跌入腐败陷阱。

第四章 防患未然，勿让恶习缠身

1. 不玩物丧志，以防陷入腐败深渊

"业精于勤荒于嬉，行成于思毁于随"，这句话是说，因为勤奋，学业得以精进，一旦游荡玩乐，学业会因此而荒废；德行的成就源于思考，而败坏却是因过于懒散、随性。这句话用在廉政建设上，一样可以凸显出内在价值和深层含义。如果党员干部不够勤政、廉政，因为一些外物而抛弃作为一名党员必须遵守的原则，是必然会陷入腐败深渊的。具体来说，党员干部切不可玩物丧志，把自己的喜好、偏爱过分外露，给别有用心之人留有可乘之机。

☆☆☆☆☆☆☆☆☆☆☆☆☆☆☆☆☆☆☆☆☆☆

林某是一名计算机专业高才生，大学毕业后如愿进入一家市属机关单位担任出纳，而后结婚生子，生活幸福美满，周围人都很羡慕他。不过，作为计算机高手的林某有一个嗜好——玩网络游戏。他在上学期间就喜欢打游戏，有时候在网吧彻夜不归。参加工作后，他依然如此。

为了满足自己的"游戏瘾"，他办了多张信用卡和消费贷款，有时购买一个游戏装备就要投入数万元。就这样，在一年多的时间里，他因游戏欠下了100多万元的债务。当初那个人人羡慕的林某，此时的生活一片狼藉。妻子与他离了婚，父母变卖房产为他还债。

恢复"单身"的林某本应该痛改前非，重新做人，可他却变本加厉，不但把儿子送去让父母照顾，自己当起甩手掌柜，还继续与网络游戏为伴。更可怕的是，他踏进了某直播平台，开始疯狂地为女主播打赏、刷礼物，还玩起了网络赌博游戏。

当工资难以维持他的不良嗜好后，他又开始透支信用卡、办理网贷、向同事朋友借钱。起初，他还能拆东墙补西墙，可随着他的征信信用评分下降，就很难再借到钱。为了偿还贷款，他打起了单位资金的主意。

林某发现，单位账户的科目中，资金额度较高的维护费很少被抽查，所以他选定了目标。不过维护费在支出时只能对公，为此他与一家通信公司联系，以单位项目款来走账，虚构维护费，借助该通信公司对公账号把单位的钱"变成"了自己的钱。

东窗事发后，经查实，林某利用职务之便前后将近300万元的公共资金占为己有，最终他被开除党籍、开除公职，法院以贪污罪判处其有期徒刑8年零10个月，并处罚金80万元。

他曾交代："一开始只想试试看能不能把单位的钱转出去，后来游戏和网络赌博产生的漏洞越来越大，就只能铤而走险了。"他的"冒险"不但给国家造成了损失，也让自己身陷囹圄。

✰✰✰✰✰✰✰✰✰✰✰✰✰✰✰✰

党员干部在兴趣爱好方面必须小心谨慎，如果染上不良嗜好并越陷越深、难以自拔，后果就十分严重，更重要的是，也许还会被别有用心之人乘虚而入，那样所造成的恶果更大。

党员干部千万不能把爱好只当成个人私事，要谨慎对待。因为党员

第四章 防患未然，勿让恶习缠身

干部的身份不同于普通人，手中的权力对不法之徒会产生巨大的吸引力，一旦党员干部醉心于个人嗜好，一味地渴望被满足，就会自然地落入"陷阱"之中，从而走上贪腐之路。

安洪民是某市工商局党委原书记、局长，是一个作风硬朗、廉洁奉公的好干部。无论在工作中还是生活中，他都做到了廉洁自律、洁身自好。

安洪民从小就喜欢钓鱼，这个爱好一直延续到他走上领导岗位。为了把更多时间和精力用在工作上，他曾一度放弃了这个爱好，有七八年时间不曾碰鱼竿。他知道，身为领导干部，绝不能让爱好成为廉洁从政的绊脚石，所以很少人知道他曾是"钓鱼狂人"。不过，别有用心之人还是得知他有这样的"雅趣"，于是便私下送高档鱼竿，还送上渔场的门票。

对于他人的"好意"，安洪民心知肚明，他直接拒收鱼竿等钓鱼用具和门票，并直言自己早已不再钓鱼，没有任何爱好。对方却不死心，在安洪民下班后堵在门口，放下那些钓鱼用具便离开了。无奈之下，安洪民只能暂时收下，次日便上交，并把事情的来龙去脉向组织作了报告。

几次三番，那些妄图打通关节的商人、老板也泄了气，不再寄希望于从安洪民这里找到突破口。安洪民清醒地认识到个人爱好对工作的影响，始终立足本职工作，一心为党、一心为民。

· 087 ·

安洪民的"舍",是广大党员干部应该学习的一种品格。他舍掉了自己的爱好,却堵住了他人行贿的口子,筑牢了防腐拒变的堤坝。

诚然,党员干部也可以有个人爱好,但却不能让其发展成居心叵测者送礼行贿的端口,换句话说,广大党员干部切勿玩物丧志,更要远离低级趣味,避免消磨志气,被人"围猎"。为此,党员干部应注意以下几个方面。

第一,提升修养,注重德行。有什么样的生活习惯,就会培养出什么样的个人情操。重视个人道德修养的人,断然不会与鸡鸣狗盗之徒来往,更不屑于与徇私舞弊、贪赃枉法之流为伍。党员干部首先要从自身做起,提升个人修养,用良好的生活习惯和方式涵养自己的高尚品质,杜绝一切不良恶习。

第二,知足常乐,守住小节。个人爱好是小节,集体利益是大节,一旦小节失守,那么大节也难保。因而,党员干部要懂得知足,心怀感恩,要明白当下所拥有的一切来之不易,切不可为了满足一己私欲毁掉自己的人生。

第三,抵御诱惑,爱好适度。对普通人来说,对专业或技能的爱好程度越深,就越容易做出成绩。可对党员干部而言,他们的爱好一旦成为嗜好,就容易引火上身。

☆☆☆☆☆☆☆☆☆☆☆☆☆☆☆☆☆☆☆☆

某市领导周某一次偶然从山上采到一株野兰花,他醉心于兰花的高洁和清香。此后,他走上了一条"爱兰之路"。

工作之余,他会特地上山采摘兰花,每次有收获都令他心旷神怡。当时养兰花只是他的个人爱好,非常纯粹。后来,当他的职位越来越高,从镇长、镇党委书记,一路晋升到市委组织部副部长、市文化广电新闻出版局局长的位置后,他对兰花的爱好也变得越发"疯狂"起来。

他经常会花大价钱购买不同品种的兰花，还特地修建了一处养兰花的花房。慢慢地，他身边也多了一些"兰友"，这些别有用心者会花费数万元购买各种名贵兰花送给周某，周某的这份爱好也开始变质，他越发抵挡不住兰花的诱惑，大肆收受贿赂，最终栽倒在兰花上，而他"兰花局长"的雅号此刻也见证了他的贪腐行为。

一份纯粹的爱好变得疯狂、无度之后，就会转化成吞噬人心的怪物。党员干部要严控个人爱好，讲操守、重品行，保持真正高尚的精神追求。

2. 不攀不比，端正自己的态度

攀比行为会严重破坏社会风气，消耗社会资源，比车子、房子，比美貌、孩子，这样的攀比无端地增大了人们的压力，而且高于现实的期许也容易让人动起歪心思，从而深陷腐败泥潭。

李凌云，某县农业局局长，他自上任以来，始终将人民群众的利益放在首位，以实际行动践行了党员干部不攀不比、务实为民的崇高精神。

在工作中，李凌云面对的是广袤的田野和朴实的农民。他没有被外界的繁华和浮躁所影响，更没有与其他干部比待遇、比享受。相反，他深入田间地头，有时还会与农民朋友同吃同住同劳动，了解他们的实际困难和需求。在他的带领下，该县的农业技术得到了显著提升，农民收入显著增加，农村面貌焕然一新。

面对同期伙伴的升迁和外界的诱惑，李凌云始终保持一颗平常心。他常挂在嘴边的一句话是："党员干部的职责是为人民服务，而不是攀比谁的位置更高、谁的权力更大。只要能让群众过上好日子，我就心满意足了。"

他的言行深深地感染了周围的每一个人。同事们纷纷以他为榜样，在工作中踏实稳健，并形成了不攀不比、务实为民的良好风气。在他的带领下，该县农业局也成为了一个团结奋进、勇于担当的战斗集体，为当地的经济发展做出了积极贡献。

☆☆☆☆☆☆☆☆☆☆☆☆☆☆☆☆☆☆

人人都有攀比心，但身为党员干部，要把攀比的劲头用在为人民服务上，要多比奉献，少比索取。

攀比心源于虚荣心，虚荣心虽说算不得一种恶行，但很多恶行却因它而产生，是祸端之源。党员干部要破除虚荣心作祟，避免因与他人攀比而做出损害党和国家、人民利益的事情，造成无法挽回的局面。

要想摒除攀比心，克服虚荣心，党员干部首先必须以身作则、率先垂范，体现出一名共产党员应有的自律与自制，在工作中消除华而不实的作风，多拼搏、少抱怨，多做真事、实事，少讲空话、大话，脚踏实地、求真务实，彻底清除不良思想。

其次，选对"参照物"。党员干部要擦亮眼睛，不去看奢华浮躁的生活，要把目光投向那些为了人民的利益鞠躬尽瘁的公仆。见贤思齐，用那些充满正能量的人物事迹熏陶自我，逐步净化自我心灵、提升思想境界、重塑人生格局。

再次，把攀比变成"对比"。党员干部要有"俯首甘为孺子牛"的情怀，要甘当人民的"勤务兵"，由攀比转向"对比"，即少比享受、多比贡献；少比待遇、多比业绩；少比个人职位、多比为民谋福……在这些对比中，党员干部才会更有责任心、使命感，也会更有干劲、更有动力。

党员干部应当始终保持一颗平常心，正确看待自己的权力，树立正确的"比较观"，在比中求精、求进。

虚荣心过强、攀比心过重的人如同生活在一碰即破的肥皂泡中，他们挖空心思、苦心钻营，过分重视物质、忽视精神领域的丰足，讲排场、摆阔气，患得患失、自私自利，失衡于为什么自己整日奔忙劳碌却不如老板们一个电话得到的利益多。扭曲的心态让他们的攀比心、虚荣心日盛，正是在这样的错误认知中，个别党员干部开始铤而走险，借助权力"慰劳"曾经清苦、吃亏、失落乃至于自卑的自己。当他们的人生观、价值观和世界观发生扭曲，就只会看重眼前利益。

✩✩✩✩✩✩✩✩✩✩✩✩✩✩✩✩✩✩✩✩

岳某是某市委原书记，曾是个兢兢业业、克己奉公的好干部，是廉洁自律的楷模。他既不出入高档场所，也从不收受下属送来的任何礼物。

某一年，岳某接受上级的委派，作为援藏干部进入了西藏南部地区，在海拔近4000米的一个小县城出任县委书记一职。在任期间，他埋头苦干，深得当地百姓爱戴。任期结束后，他回到原来的岗位，但心态上发生了巨大的转变。他想到自己以往吃了那么多苦，却没有得到更多，心理极度不平衡。加上原单位个别干部私下与企业老板"交朋友"，过上了"锦衣玉

食"的生活，这既让他羡慕不已，又让他心生嫉妒。因此，他不再如以往那样把"从政为民"当成座右铭，而是频繁地与开豪车、住豪宅的大老板接触，开始搞钱权交易，先后谋利达350万元。

不久，东窗事发，岳某被正式立案查处。面对检察机关，他悔不当初，流泪忏悔道："我的心态发生了变化，不平衡了，因为爱慕虚荣，产生了攀比心理……那些比不上我的人都开始大把花钱，出入高档场所，我也不能落后……"

在市场经济的大环境下，群体之间都会在利益分配上产生差异，由此会滋生个体之间的攀比心理。党员干部因爱慕虚荣而产生的攀比心理会导致更大的负面影响，因为他们代表的不只是个人，损害的也不只是个人的利益。

要想抵御物欲的诱惑，党员干部要消除攀比心理，没有了攀比心、消除了虚荣心，再猛烈的"糖衣炮弹"都会变成"哑炮""哑弹"，毫无杀伤力。总之，党员干部自身思想要硬、作风要正，要自觉遵守工作准则，依规办事，听从组织安排，时刻把党规党纪放在心头。唯有此，才能端正自己的态度，清正廉洁地做事。

俗话说，"人比人，气死人"，这充分说明了无意义的比较对人的"伤害"会有多大。在这种比较中所产生的负能量，会让一个人的心理产生扭曲，失去自我，行为异常，对于党员干部而言，这种"异常"便会催生贪腐行为。因此，党员干部保持一颗平常心，不攀不比、不争不抢，是远离腐败，永葆廉洁的秘诀。

3. 不高调张扬，甘做人民公仆

在廉政建设工作中，广大党员干部务必要低调做人做事，要知进退、懂廉耻、明得失，坚决杜绝自以为是、骄横跋扈的工作作风，戒除形式主义、好大喜功和虚浮之气，力争做一名稳健持重、内心平和的好干部。

低调是一个人极致的修养，是一种高级的人生态度，懂得低调的人才是生活的智者，才会拥有豁达的处世智慧。

人民的好书记王芳，曾任中共杭州市公安局局长、浙江省委书记、公安部部长、国务委员。王芳为人十分低调。

有一年，王芳准备下基层调研，刚出政府大楼，远处驶来一辆小轿车，一阵鸣笛声把众人的目光都吸引了过去。车停稳后，从里面出来两名中年男子，原来他们是市委的工作人员。

两人看到王芳后，主动表明身份，并说他们是专程来接王芳的。王芳看到这种架势，神情严肃地说："你们平时都是这样做接待工作的吗？我下基层搞调查，历来不允许沿途迎送，就是你们这种不良风气助长了一些干部讲排场的虚荣心，败坏了我们党的声誉。"

本以为王芳会高兴的两名工作人员见王芳脸色难看，连忙解释说他们只是想与书记一起调研。王芳平复了一下情绪后说:"出行一定不要搞特殊化,要多从群众角度着想,你们知道毛主席是怎么做的吗?他来浙江时,我给他做警卫,他都是要求轻车简从,不鸣警笛、不张扬、不扰民。那时毛主席对省里领导人的要求是:不接不送,不叫不到。如果我们出行时前呼后拥,车队浩荡,甚至还要警车开道,这种官僚主义作风只会拉远我们和群众的距离。"

在场的所有人对王芳的这番话深有感触,两名工作人员更表示日后一定会多多注意,时刻提醒自己。

郑板桥说:"虚心竹有低头叶,傲骨梅无仰面花。""满招损,谦受益"更道出了谦虚、低调的意义和价值。今天的党员干部,要以史为镜,并要善于结合当下贪污腐败官员落马的现实,警钟长鸣,真正地把低调做人做事融入实际工作中,常常深入一线,走进群众,听取民声。

党员干部低调做人做事,就要根除不诚实、不老实、不负责任的弊端,少一点政绩上的冲动,把更多时间和精力用在解决实际问题上,切实地做到"用实功、办实事、见实效"。

低调不张扬,也是在强调一种勤勉和苦干的状态,切勿因取得一点点成绩而沾沾自喜,要全力以赴,突破廉政路上的关山险隘。

丁某曾是某市财政局局长,上任伊始大刀阔斧进行改革,做了很多好事、实事,深受同事和当地百姓的爱戴。

上任之初,丁某不忘初心,在岗位上兢兢业业,遇到具体的工作难题时,甚至会与基层民众吃住在一起,全然没有局长的"架子"。不过,日久天长,丁某的心态随着时间的推移发生了变化。他开始琢磨:现在自己身居要职,如果还像以前那

第四章 防患未然，勿让恶习缠身

样没日没夜地拼命干活，到头来会得到什么呢？做这个官有什么用呢？而他身边也时常有溜须拍马、阿谀奉承之流，久而久之，他一反常态，好似换了个人。

他一改低调内敛、朴实稳重的作风，开始购买大量奢侈品，衣着光鲜地出现在公众视野。此外，他不顾党规党纪，高调为子女、亲属安排工作，甚至买了一栋别墅。在搬家时，还大张旗鼓地收受"乔迁之喜礼金"。

在工作中，丁某也没有了往日的温和、持重，当出现不同意见时，他开始拍桌子、瞪眼睛，不再照顾他人的情绪，在会议中肆无忌惮地与同事争吵，有几次几乎要动手打人，这种嚣张跋扈的作风让人十分震惊。他还曾以"莫须有"之名把与自己意见相左的同事调任保洁的岗位，以便"杀一儆百"。

多行不义必自毙，丁某很快引起了上级组织的注意，经过一番调查，丁某涉嫌滥用职权，严重违规违纪。在接受组织调查时，丁某直言自己以前过得太辛苦，当上局长后想要借助权力补偿自己，由此走上了一条不归路。

某些党员干部在工作中容易权力失范，这主要是由他们未能正确看待权力，通过肆意用权，换取物质上的享受而导致。这样的党员干部太过张扬，不懂珍惜、不知敬畏、害人害己、危害社会，一步步将自己推向犯罪的深渊。

民间有一句谚语："天狂必有雨，人狂必有祸。"《曾国藩家书》中也有一句令人深思的话："家败离不得个奢字，人败离不得个逸字，讨人嫌离不得个骄字。"一个人的衰败都是从狂妄自大开始的，上善若水，厚德载物，修养越高的人会越谦卑、越低调、越内敛。

广大党员干部要深刻意识到权力失范、招摇过市带来的危害。首先，狂妄张扬会激起民愤。领导干部要牢记无论当多大的官都是人民的勤务员，都是人民的公仆，使用权力做事的时候要从人民利益出发。

其次，狂妄张扬会让高调者"自我毁灭"。当某些党员干部得意忘形，认为暗箱操作不为人所知时，就是他们自我毁灭的开始。在现实中，个别党员干部很有派头，看起来威风八面，做人做事趾高气扬、颐指气使，支撑他们有这种表现的"幕后黑手"，便是那颗骄奢淫逸的心。他们已经忘却"立党为公、执政为民"的执政理念，而处处把个人私欲凌驾于制度和法令之上，便无所谓"自我克制、自我教育、自我纠错、自我提升"，这样的党员干部，又如何能与人民为伍、与贪腐划清界限呢？

因此，党员干部要做到"心中有尺度、做事有规矩"，不张扬、不放纵、不逾矩，工作上低头学习、弯腰干事，生活上保持淡泊心态，平凡中凸显智慧。在任何情况下，都要用党性原则和道德规范约束自己，掌握分寸，做到"淡泊以明志，宁静以致远"。

4. 不吃拿卡要，管住自己才能行稳致远

俗话说，"吃人嘴软，拿人手短"，在生活中，我们都有过受人一点恩惠而内心过意不去的时候，于是会想方设法通过"回礼"的方式

还上"人情",这本无可厚非,是人与人之间正常的礼尚往来。但对于党员干部来说,吃别人和拿别人的,就不再是一般的"回礼"可以还上"人情"的了。

如果党员干部不希望欠人情,最好的方式无疑是从根本上杜绝,管住自己,不吃别人的、不拿别人的,也就不必为此耗费心神。古语有云:"君子不收桃李之馈",能够管住自己的人是不会轻易收取他人馈赠的,因为他们内心纯粹,有坚决防腐拒腐的决心,所以才会锁住源头。

现如今,逢年过节发红包已经成为一种常态,亲人、朋友之间发红包是加深感情的一种方式。但别有用心之人会利用年节、假日等时机悉心地准备"糖衣炮弹"。有些思想薄弱的党员干部本身缺乏防腐意识,对于此类的变相行贿没有防范之心,很容易滑入腐败的沼泽之中。

基层工作了数十年的党员干部叶文远,以其清正廉洁、不吃拿卡要的作风在当地赢得了广泛的赞誉。

叶文远在担任某镇民政所所长期间,经常要处理各种群众事务。面对一些试图通过送礼来"走后门"的群众,他总是果断拒绝,并耐心地向他们解释政策,引导他们通过正规渠道、正确方式解决问题。

有一次,一位村民为了尽快办理低保手续,提着两条烟、两瓶酒找到叶文远。说明来意后,叶文远马上变了脸色,一本正经地告诉他:"低保是国家对困难群众的救助政策,必须严格按照规定执行。你的心意我领了,但礼物我不能收,请你放心,我会尽快帮你办理。"

还有一次,村民老张想通过给叶文远好处的方式解决自己与邻居为宅基地打架的事情。老张在镇上一家饭店定下包房,还叫来几个陪着喝酒的村民，而后打电话说有急事找叶文远，让叶文远去该饭店。因为常与老张等村民打交道，叶文远与大家都比较熟悉，也没有多想便去了饭店。

等到了之后，老张早早在饭店门口等待，之后拉着叶文远走进饭店包房。叶文远进入包房，看着摆满的酒菜，当即脸色一沉，高声说道："老张，你有事就说事，这是干什么？"老张见叶文远生气了，忙解释说只想和叶文远吃吃饭，聊聊天。叶文远正色道："老张，我知道你心里的想法，你的事我也清楚，事情会按流程走，但饭肯定不会吃！"说完，叶文远转身离开，留下了一脸尴尬的老张。

清正廉洁，从不吃拿卡要的叶文远，不仅赢得了群众的信任和支持，也树立了党员干部的良好形象。他用自己的实际行动诠释了党员干部的职责和使命。

不少党员干部觉得吃吃喝喝是小事，伸手拿点东西也没什么大不了，令人害怕的并不是吃喝本身，而是潜藏在它们背后那只无形的"黑手"。小吃小喝变成大吃大喝，继而贪污受贿，做出无法挽回的事情。党员干部一定要提高警惕，时刻保持警觉心，无论何时都要管住嘴、握紧手。

有贪官在"落马"后忏悔道："我也曾犹豫、徘徊过，可最终还是没能把握住自己，这成了我人生的耻辱。吃人嘴软，拿人手短，就会丧失原则和公正。"很多贪官都是在东窗事发后才悔不当初，才意识到正是当初管不住自己，而造成无法挽回的局面。

党员干部要深刻地认识到，"天下没有免费的午餐""拿人钱财，与人消灾"，从来就没有只拿钱不干活的事情，同时要明白自己的任何不当言行都可能引发不可预料的后果。

第四章 防患未然，勿让恶习缠身

如果说，对他人送礼送钱的行为采取默认的态度，是因为党员干部意志不坚定、思想防线不牢固，那么主动索贿的性质则更为恶劣。

某省水利厅原厅长邹某涉嫌收受贿赂、礼金高达2亿元，被相关部门依法查处。据纪检监察部门通报，邹某做事很有"魄力"，在收受贿赂上也有自己的盘算。每次他与某些公司老板或负责人外出吃饭时，一有红包递到眼前，他马上会说"这都是女人的事"，然后自己往旁边一靠，他妻子就会把钱接过去。

逢年过节，很多人会给他送钱送礼，要是某人应该"表示"却没有露面的话，邹某会主动打电话要求对方到自己家里"做客"。通常在这种时候，对方心领神会，会马上备好厚礼登门拜访。此外，邹某还让儿子以生意合作的名义在境外开户收钱，以此形成一个完整的索贿受贿链条。东窗事发后，邹某因受贿金额巨大，被判处无期徒刑，剥夺政治权利终身，并处没收个人全部财产。

《中国共产党纪律处分条例》明确规定，向从事公务的人员及其配偶、子女及其配偶等亲属和其他特定关系人赠送明显超出正常礼尚往来的礼品、礼金、消费卡（券）和有价证券、股权、其他金融产品等财物，情节较重的，给予警告或者严重警告处分；情节严重的，给予撤销党内职务或者留党察看处分。身为党员干部，要做到守廉、养廉，守住底线，抵制财物诱惑，更不能有主动索贿情节，否则会亲手将自己送入囚牢之中。

"手莫伸，伸手必被捉"，任何伸手拿钱拿利的人，都不可能逃脱法律的制裁。

☆☆☆☆☆☆☆☆☆☆☆☆☆☆☆☆☆☆☆☆

霍某在一家外贸企业任职，负责公司的出口业务，其中一项工作是联系货运公司，向上级领导上报货运价格。手中有这项权力，霍某不禁动起了歪脑筋，他马上联系以前一家相熟的货运代理公司职员刘某，告诉对方他负责的业务，表示可以把货运业务都交给刘某的公司做。

两人一拍即合，马上开始了合作。经过一段时间的运作后，随着业务量的增大，刘某意识到必须留住霍某这个大客户，怎么办呢？他想到的办法是：如果继续让他们公司做货运业务，他们可以付给霍某一部分"回扣"。霍某当即同意了刘某的提议。

为了掩人耳目，霍某从朋友那里借来银行卡，把账户给了刘某，专门用来接收"回扣"。通过这种暗箱操作，霍某在三年时间里共计得到近15万元的"回扣"。

后来，刘某的货运代理公司因为运输条件有限，霍某便将其中一部分公路到码头的运输业务转给了另一家物流公司。经过一番违规操作，霍某又从这家公司收取了近4万元"回扣"。

案发后，霍某被法院依法判处有期徒刑2年零4个月。

☆☆☆☆☆☆☆☆☆☆☆☆☆☆☆☆☆☆☆☆

"雁过拔毛"式腐败形同"微腐败"，虽然乍看之下不会波及很大范围，可造成的负面影响和危害却不能忽视，它会严重影响党的形象和党群关系，侵害人民利益。因此，党员干部应把"勤政、为民、务实、清廉"当成永远的修炼课，增强公仆服务意识，不沦陷、不碰"高压线"。

5. 不贪占便宜，大贪皆由小贪来

古语云，"浮贪小失大，惜指失掌"，意思是因为舍不得一个指头，进而会失掉一个手掌。清廉的党员干部虽享受不到物欲带来的"舒适"，却可以守住内心的一片净土；而腐败的官员追求享受而出卖自己的灵魂，甚至付出失去自由和生命的惨痛代价。这样对比之下，孰轻孰重，一眼可辨。

在现实生活中，一些党员干部在小恩小惠面前会失去分寸和自我，认为收受一点点礼物和钱财算不上违反党规党纪。正是他们这种危险的思想，才使得心中的廉洁堤坝最终崩塌。

贪小便宜吃大亏，这是一个恒久不变的道理，大腐败皆由小贪污而来。一名因受贿罪被依法查处的贪官在狱中后悔万分，写下了一份悔过书，其中一段是这样的："千里之堤，毁于蚁穴，任何人做错事都只在一念之间，是不易被察觉的，一旦他在小事上做不到坚守初衷、坚定立场，必然会犯下致命的错误，继而造成难以挽回的局面。我就是个最好的例子，现在我后悔不已，可已经太晚了……"

从已经发生的一些贪腐大案中，我们不难发现，涉案人员最初的想法很简单，所"贪"的也不过是帮忙后别人送来的"答谢金""感谢费"，要不就是几瓶酒或几条香烟，表面上看的确没什么"大不了的"，可这正是他们卸下防备、被小恩小惠攻克防线的开始。《明太祖实录》

中云:"不虑于微,始贻于大;不防于小,终亏大德。"一个做不到慎独、慎微的人,也就自然抵挡不住哪怕"一分一毫"的诱惑。

☆☆☆☆☆☆☆☆☆☆☆☆☆☆☆

康熙年间,京城的一家书铺里有一个年轻人正在看书。不一会儿,一位老者到账台付钱买书,不小心从口袋里掉出一枚铜钱,老者没有发现,而铜钱恰好滚到那个年轻人脚边。年轻人见老者没发现,慢慢地用脚踩住铜钱。待老者离开后,年轻人赶忙把脚下铜钱捡起来放进口袋。

年轻人自以为神不知鬼不觉,却被二楼的另一名老者看在眼里。老者慢慢走下楼,与年轻人聊起来。通过交谈老者得知年轻人叫范晓杰,他的父亲在朝为官,他也在国子监读书多年,准备考取功名。老者听完,拍了拍他的肩膀便离开了。

第二年,范晓杰顺利通过科举考试,被派往江苏常熟担任县尉。按照规矩,范晓杰上任前要先去上级衙门江宁府投帖,拜见上司。江宁府收下了他的名帖,却始终未回复何时见他,范晓杰在驿站一连等了十多天。

等不及的范晓杰只好再次去谒见,府衙的护卫官把巡抚大人的命令转达给了他:"范晓杰,你被革职了。"

"革职?我犯了什么罪?"范晓杰简直不敢相信自己的耳朵。

"贪钱!"

范晓杰一听,急忙说自己冤枉,他解释说自己都还没有上任,怎么会贪钱呢?护卫官进去禀报后再次出来传达巡抚大人的话:"范晓杰,你还记得京城书铺中发生的事吗?你捡到了一枚铜钱。当秀才的你尚且贪爱一枚铜钱,若当上了地方官,日后不会绞尽脑汁贪赃枉法吗?"

原来,当天在书铺中与范晓杰聊天的老者正是一生清廉如水的巡抚大人汤斌。

☆☆☆☆☆☆☆☆☆☆☆☆☆☆☆☆☆☆☆☆☆

贪小便宜吃大亏，范晓杰贪占小小的一枚铜钱，最终失去了原本的大好前程，实在得不偿失。

现实生活中，个别党员干部以为贪点小便宜、占点小利益神不知鬼不觉，正是这样的错误思想导致了"微腐败"的发生，继而集腋成裘，由小贪变成大贪、巨贪。

"微腐败"终将铸成大祸害，它宛如人身上的一个小伤口，一旦得不到及时的救治，会导致整个肌体的感染，甚至导致"不治身亡"。

小贪污、小腐败很容易渗透到人们工作和生活的各个方面，比如党员干部公款吃喝、公费旅游、公车私用，这些损公肥私的行为看起来很不起眼，却是蚕食廉洁之心最凶狠、最邪恶的"洪水猛兽"。

小贪污是大腐败的"温床"，一切祸端皆从轻微细小处引发，放任小事毫无限制地发展，势必会造成无法挽回的局面。"冰冻三尺非一日之寒"，党员干部的贪腐正是因无数个小恶的叠加，由量变到质变，才发展到一发不可收拾的地步。

☆☆☆☆☆☆☆☆☆☆☆☆☆☆☆☆☆☆☆☆☆

陕西省城固县有一条小巷子，里面有一座修建于20世纪90年代的军队离退休干部家属楼，二楼住着一位"战斗英雄"，他就是已经94岁高龄的杜发荣。

2021年11月5日，杜发荣入选第八届全国道德模范提名奖获得者名单。

杜发荣本可以享受更好的待遇，可他无论是现在还是从前，都不曾动过贪占便宜的念头，他一心想的是如何更好地为党和人民奉献自己的力量。他曾立下家规：有困难自己解决，不占公家便宜。他本人也是以身作则，去医院看病从不乘坐公车。

　　20世纪90年代末企业改制，杜荣发的二儿子和小女儿先后下岗，二儿子靠着打零工维持生活，小女儿则闲在家中。有人给杜荣发出主意，说凭他的资历，向组织提出申请，说不定就解决子女就业问题了。杜荣发听后大为不悦，说："我是老党员，怎么能因私事给党和政府添麻烦，子女的工作靠他们自己解决，这忙我帮不了。"

　　杜荣发个人笔记本上有这样一段话："做任何工作都要尽力而为，完成党组织交给的任务，使党的工作不受损失，不要计较个人利益，不伸手要荣誉……"战争岁月，他肩担责任；和平年代，他依然用信仰坚守初心。

☆☆☆☆☆☆☆☆☆☆☆☆☆☆☆☆☆☆

　　不贪不占四个字在杜荣发身上体现得淋漓尽致，他用自己的一言一行诠释了一名优秀共产党员对党忠诚、廉洁自律的优秀品质。

　　《法句经》中云："莫轻小恶，以为无殃，水滴虽微，渐盈大器，凡罪充满，从小积成。"党员干部在正风反腐工作中始终不能忽视任何细节，越是小事，往往越能考验一个人的意志力。喝喝酒、打打牌、唱唱歌、泡泡澡，在这些小事上做不到洁身自好，就容易出现"今天收小钱，明天贪巨款"的情况，整个人生都将快速地腐化堕落。

6. 不贪恋情色，守住内心不越界

"祸生于淫逸，患始于声色"，从古至今，那些沉迷于情色之中的人几乎都身败名裂，有的人为此丢了前程，有的人为此丧命，有的人甚至丢了江山。党员干部如果做不到严防死守、独善其身，守不住"生活观"，提升自制力的脚步跟不上欲望膨胀的速度，势必会倒在腐败的路上。

唐朝中期，韩弘奉唐宪宗之命，统率十万大军，讨伐叛军。不过，他本人并无讨伐的意愿，有些消极抵抗，而受制于他的忠武节度使李光颜作战英勇，屡屡重创叛军，韩弘不便阻拦，便想到了用美人计来腐蚀李光颜。

很快，韩弘派人给李光颜送去了姿色过人的歌妓。但在款待三军将士的酒宴上，李光颜对着使者和歌妓郑重其事地说："我作为统帅，蒙受皇恩，必须要完成朝廷交托的重任，怎么可以让三军将士去作战，自己却以女色为乐呢？"说完，他坚决让使者把歌妓带回去。

李光颜的举动深深地鼓舞了三军将士的士气，不久，他统帅的军队连连告捷，很快便平定了叛军。

古人常说,"英雄难过美人关",细数过往,拜倒在情色面前的"英雄"不计其数,他们在情色面前失去了往日的斗志,没心思去完成心中的理想。如果那些所谓的"英雄"可以做到克己复礼,坚守内心,又怎么会因情色而轻易放弃理想和志向呢?"酒不醉人人自醉,色不迷人人自迷",党员干部思想不坚定,很容易拜倒在"石榴裙"下。

党员干部的特殊身份决定了他们会面对比普通人更多、更大的诱惑,这些诱惑不断地冲击着党员干部的廉洁底线,把他们往歧路上推。其中,有些干部幸运地跨过了金钱关,却没能跨过情色关,终而功败垂成。

《鹤林玉露》中记载了这样一个故事:南宋绍兴年间,番禺军政长官王铁为非作歹,搞得民怨四起,地方上要求查办王铁的呼声越来越高,为此朝廷派出韩璜审查王铁一案。

王铁听闻朝廷派人来查自己,当即乱了阵脚,每日茶饭不思。小妾见他面色凝重,便询问缘由。王铁如实相告,想不到小妾却说:"原来是韩璜啊,那就不用担心了。我认识他!原来,王铁的小妾本是钱塘的歌舞艺人,那时韩璜常去她家玩乐。小妾告诉王铁,只要能让韩璜端起酒杯,她就有办法让他离开。

不久,韩璜抵达番禺。王铁接到消息后先是去郊外迎接,但韩璜拒绝相见,直到进城后双方才见面。在堂上,韩璜面对王铁一言不发,这让王铁十分尴尬。第二天,韩璜按照官场规矩回访王铁。王铁邀请韩璜游览庭园,韩璜起初拒绝,王铁再三相邀,他才点头答应。

走进一间屋子后,只见屋内已经摆了一桌酒席,十分丰盛,一旁还有歌舞艺人表演。韩璜有些不悦,王铁见状马上让歌舞艺人退下，但暗地里却让她们穿上侍女的衣服。接着，他把韩璜请进后堂开始吃饭喝酒。

过了一小会儿，王铁的小妾在帘子后面唱出了当年韩璜写给她的一首词。韩璜心头一震，不禁脱口说道："原来你在这里啊！"情不自禁的韩璜当场便要与旧好相见。小妾隔着帘子让韩璜喝了几杯酒后，仍然不肯出来相见。韩璜心急如焚，小妾便说："当年司谏在我家跳舞跳得最好，若今日能再为我跳舞，我马上出来与你相见。"醉醺醺的韩璜早已不能自控，把审查王铁的事情忘在脑后，当即穿上舞衣、涂脂抹粉后跳了起来，但还没跳几下便摔倒在地。王铁急忙让人将韩璜搀扶上轿，送上官船。

在船上昏睡多时的韩璜，五更酒醒后发现身上衣服不对劲，命人点上蜡烛后一看，不禁羞愧万分，马上让人开船返程，不再过问王铁的案子。后来，韩璜贪酒好色的名声传了出去，名誉扫地，还遭到弹劾。

☆☆☆☆☆☆☆☆☆☆☆☆☆☆☆☆☆☆☆☆☆☆

贪恋情色，让韩璜一败涂地，韩璜也为今天的广大党员干部敲响了警钟。为官从政者，当克制私欲，切勿贪恋情色。

《韩非子》中说："贪如火，不遏则燎原；欲如水，不遏则滔天。"无尽的欲望只会带来无尽的痛苦，不懂得控制欲望，不能遏制贪欲，到头来只会引火烧身。有鉴于此，党员干部可以从以下几方面入手，修炼内功，让自己对权、钱、色形成免疫。

第一，修炼定力。定力是指人们控制自己、把握自己的能力。定力是不被假象所迷惑，不为名利而心动的"意志"。党员干部必须要有过硬的政治定力、迎难而上的处事定力和不为外物所动摇的定力。当党员干部有了这种种定力，就会坚定不移地跟党走。古人云，"设心处事，戒之在初，不可不察"，一切贪欲都要在萌芽之初将其斩断，这也正是党员干部修炼定力的意义所在。

第二，把握生活中的"度"。党员干部在生活中要检点自己的言行，切勿认为是"小节"而不理不睬，比如在与异性交往的过程中，绝不能无所顾忌，少数党员干部恰恰因此难以自持，最终被不法之徒"围猎"。因而，要格外重视自身修养，不断磨砺自己的心性。

第三，强化德行修养。党员干部要有忠诚于党、服务于民的从政之德。《省心录》中说："声色者，败德之具"，一个人若沉溺于歌舞美色之中，必然会败坏道德，因而，加强德行修养，洁身自好，多学多看以廉洁为主题的书刊、影视资料，会从思想上筑起一道"防腐墙"。

第四，将法令高悬于心。古语云："财色之于人，譬如小儿贪刀刃之蜜，甜不足一食之美，然有截舌之患也。"一味地追求金钱、美色如同"刀口舔蜜"，很可能丧命。铤而走险的党员干部不惜以丧命的代价贪钱、贪色，归根结底是他们法律意识淡薄，对法令缺乏敬畏之心，知道党章党规却没做到始终遵守。党员干部把党的纪律牢记心头，常念"廉洁经"，时时以人为鉴，正品行、洗尘埃，灭除贪欲，自然会获得一个健康的肌体。

第五，有原则地进行"官商交往"。官商之间的正常交往可以有力地推动经济的发展，可一旦"官不像官、商不像商"，就会对社会造成巨大的危害。有些官与商之间会为了各自的利益，以金钱和情色作为达成目的的筹码。因此，党员干部作为权力的"拥有者"，出于工作需要与经商人士交往时首先要表明态度，保持距离，做到坚持原则、公私分明，不滥交朋友，消除不法之徒的不法之心。

打铁必须自身硬，无论是权力、金钱还是情色，要想做到不追逐、不沾染、不贪恋，党员干部必须自身坚定理想信念，做到立党为公、执政为民，自觉地抵御权力、金钱和情色的诱惑，不断改造自己的主观世界，拓宽视野、提升格局，才能守住共产党人的政治本色！

7. 不沾染赌博，远离贪腐陷阱

  清光绪年间一位名叫吴獬的官员曾写过一首《戒赌歌》："切莫赌，切莫赌，赌博为害甚于虎。猛虎有时不乱伤，赌博无不输精光。切莫赌，切莫赌，赌博为害绝无乐。妻离子散家产破，落得颈项套绳索。赌输无钱去做贼，招致身败名又裂。赌博无钱去抢劫，镣铐沉重银铛响。甚者为赌去杀人，相互殴杀不留情，及至双方都气绝，床上屋里血淋淋，儿哭仔啼惊乡邻。总之赌博有百害，劝君莫做赌博人，耕作勤！耕作勤！唯有勤劳出富人。赌博赢钱水中月，锄头底下出黄金。耕作勤！耕作勤！唯有劳动出能人。好逸恶劳终受苦，勤劳致富美前程。"清朝末年还有一首流传甚广的《戒赌诗》："贝者（指"赌"）是人不是人，只为今贝（指"贪"）起祸根；有朝一日分贝（指"贫"）了，到头成为贝戎人（指"贼"）。"

  赌博带给人的除了痛苦，别无他物。沉溺于赌博之中，既会影响家庭和谐，更会影响工作，乃至于社会和谐。个别党员干部正是因为参与赌博才失去了家庭，丢掉了工作，最终迷失了自我。

  赌博造成的危害、带来的后果令人深恶痛绝。与古时候相比，今天的赌博花样层出不穷,各式各样的赌博让人眼花缭乱,但不管形式如何变化,赌博对于党员干部来说,只是别有用心之人引诱他们"入局"的手段。

✳✳✳✳✳✳✳✳✳✳✳✳✳✳✳✳✳

某市党政主要领导薛荣,是个十分排斥赌博的人,同时他也要求同事、属下不沾赌、涉赌。他深知赌博对个人品德、家庭建设以及社会风气的负面影响。

一次偶然的机会,薛荣被一位"朋友"邀请参加一个看似普通的聚会,但实则是在一个隐蔽的场所赌博。面对"朋友"的一再拉拢,薛荣没有丝毫动摇,不但拒绝坐上牌桌,更当众严肃地指出了赌博的危害性。

薛荣知道,作为领导干部,自己的言行举止都会对公众产生示范效应。如果自己参与赌博,不仅会损害个人形象,更可能引发下属和群众的效仿,破坏社会风气。因此,他始终坚守原则,坚决拒绝任何形式的赌博活动。

在日常工作中,薛荣也积极倡导健康向上的生活方式,鼓励党员干部和群众参与有益身心的文化活动,如读书、运动等。通过实际行动,他为身边人树立了良好的榜样。

✳✳✳✳✳✳✳✳✳✳✳✳✳✳✳✳✳

薛荣的案例告诉我们,身为党员干部必须以身作则,拒绝赌博的诱惑,坚守道德底线。只有这样才能赢得公众的信任和尊重,推动社会风气的不断改善。

赌博对党员干部有哪些危害和影响呢?

第一,有损干部形象,影响日常工作。打牌多发生在晚上,甚至时常会通宵达旦,偶尔还会占用工作时间"摸上几把",试问这种状态又怎么能更好地投入工作,还谈什么事业、责任和党员意识呢?

第二，导致贪腐行为发生。不少党员干部的"牌友"多是同事和一些大老板，所以他们几乎不可能"玩小的"。因而，缺少赌资就成了党员干部走向腐败的推动力。有些官员发生腐败的原因是单纯地为了筹措"赌资"，甚至不惜挪用公款，将移民安置费和医保基金等作为赌本，所以只有远离赌博才能从根本上解决问题。

第三，为不法之徒行方便。牌桌上除了普通牌友，还会有蓄谋已久、想从党员干部身上谋得更多、更大利益的人。他们为了达成目的，往往会故意输钱，比如上文案例中魏某的牌友，通过赌博的方式进行贿赂。等党员干部"赢"得差不多了，这些人就会露出真面目，此时"吃人嘴软，拿人手短"的党员干部就无法拒绝对方的请托了。

蒲松龄在《聊斋志异》中写道："天下之倾家者，莫速于博；天下之败德者，亦莫甚于博。"赌博的危害人所共知，赌博不但能消磨人的意志，耽误本职工作，还会对家庭关系、人际关系造成不利影响，久而久之，使人滋生贪欲，助长不劳而获的思想，形成好逸恶劳、贪图钱财的习气。陷入赌博泥潭的党员干部不但背离了党的原则，还严重损害国家和党员干部队伍形象，最终祸及百姓。

✧✦✧✦✧✦✧✦✧✦✧✦✧✦✧✦✧✦✧✦

2017年，某市中医院党委原副书记、院长江某因严重违反党纪被开除党籍、开除公职，而其涉嫌犯罪的问题和线索也已经移送司法机关依法处理。江某成为"阶下囚"，全因一个"赌"字。

江某嗜赌成性，在当地的麻将赌博中，单场输赢居然高达40余万元。他还参与赌球，曾多次去澳门赌场一掷千金。2008年，江某接连参与欧洲杯、欧洲五大联赛和世界杯等足球赛事的赌球活动，累计输掉300余万元。2009年到2010年间，他与同道中人先后三次去往澳门赌博，共计输掉人民币

200余万元。

过度的"豪赌"让江某无以为继，为了填补"亏空"，他开始利用手中权力敛财。他曾违规参与经营体彩站，收受单位下属和其他企业老板共计18余万元的红包，先后三次收受当地某药业公司总经理沈某共计770万元的财物。

毫无疑问，江某败在了赌上，也倒在了赌上。赌博是滋生腐败的土壤，更是吞噬一个人纯净内心的猛兽，所以党员干部要自觉改掉不良恶习，远离腐败。而要想真正做到标本兼治，单位和个人必须筑牢四道防线。

第一道防线：思想。

个别党员干部对赌博的危害性认识不足，只看到赌博带来的一点点乐趣，全然忘记了藏在"赌"字背后的邪恶。沉迷其中，玩物丧志，逐渐变得精神匮乏。因此，党员干部必须提升道德修养、增强党性观念，给自己的精神"补钙"，做到从主观上主动抵御赌博风气。

第二道防线：监督。

主要通过自我监督和组织监督。自我监督即党员干部自身提升反腐、抗腐意识，管住自己的手，切莫伸向牌桌，对于他人的"凑手"劝说要果断拒绝，同时注重培养健康的生活情趣，用其他方式怡情，而不依靠赌博。

组织监督即单位和机构要对一切涉赌的党员干部从重处罚，一经发现决不姑息纵容，并加大通报曝光力度。此外，监督触角也要伸向包括党员干部工作圈外的所有地方，不放过任何死角和盲区，从而形成全方位"监控"。

第三道防线：制度。

从制度上进行监管主要依托于单位和机构，需要进一步健全完善财务管理制度，查找廉政风险漏洞，谨防已经发生"亏空"的党员干部钻制度的空子，挪用公款、套取资金用于赌博等行为。

第四道防线：家庭。

家庭是每个人的避风港，是温馨的港湾，但如果夫妻双方或一方发生赌博行为，甚至长期沉迷于赌博之中，这个避风港就形同虚设，长久下去会影响夫妻感情，致使家庭不和睦、成员之间互相猜忌，贻害无穷。由此，党员干部必须扎根于家庭，树立廉洁家风，本人做到防赌、拒赌，从而带动家庭成员远离赌博，互相监督。

第五章

以廉立德，创建廉洁之家

家风正则身正，身正则不会做有违道德法律的事情。党员干部要修身正己、致知于行，从而以己律人，对家人、亲属等产生积极影响，让他们常思贪欲之害、常戒非分之想，让"廉洁之风"吹进万家。

1. 端正家风，清廉是对家人最大的爱

家风指的是家庭或家族世代相传的风尚、生活作风，即一个家庭的风气。优良的家风会时时陶冶每一名家庭成员的性情，让他们成长为正直、善良、乐于奉献的优秀社会公民。

对于广大党员干部来说，树立良好的家风意义重大。党员干部因为身份的关系，更有从严治家的必要性，而治家的前提自然是修身，要首先做到清正廉洁，正确看待手中的权力，当自身拥有一股从骨子里散发而出的正气时，就能自然而然地在家庭中营造出清廉的氛围了。

☆☆☆☆☆☆☆☆☆☆☆☆☆☆☆☆☆☆☆☆

北宋政治家、文学家范仲淹为官数十载，身居要职，但他一生持正守廉、明法慎断、勤俭节约、乐善好施，甚至去世时"身无以为殓，子无以为丧"。他的清白和清廉为他带来了一个熠熠生辉的名号——范文正公！

范仲淹幼时清苦，少时深受清正廉洁思想的熏陶，淡泊名利，后来入仕为官也坚守初心。他始终认为，官员若能做到"忍穷"，那么全家人都会远离祸端，这也是他甘愿一生清贫的一个原因。

范仲淹本人从不贪占一分一毫，真正做到了廉俭一生，同时他也格外重视对孩子的教育。他在治家上非常严谨，《言行

录》中记载:"范公常以俭廉率家人,要求家人畏名教,励廉耻,知荣辱,积养成名。"他把自己坚守的"忍穷"也用在了家人身上,希望他们能像自己一样享受清贫,不贪图富贵荣华。

为保证范家家风的清正,范仲淹在很多地方都显得不近人情,十分苛刻。他二儿子结婚时,新娘子还没进门,范仲淹听说儿媳妇带来的帐子是用绸缎制成的。他便找到二儿子,说道:"绫罗绸缎织起来很麻烦,怎么能用它做帐子呢?范家一向以勤俭著称,绝不能因为这顶帐子败坏家风,倘若你们不听我的话,一定要用这顶帐子,我就在院子里烧了它!"过了几天,新娘子进了家门,果然没有用那顶帐子。在范仲淹的带动下,范家人始终保持并发扬着简朴的家风。

他曾在与家人的书信《与中舍书》中谈及如何教育孩子,大意是:其一,督促孩子勤奋学习,切勿荒废时间;其二,让孩子真正了解只有学出成绩才可以入仕为官,才能做出成就。

后来他告老还乡,买了一块地皮准备盖房子,还特地请了风水先生。风水先生看罢后兴奋地说:"这是块风水宝地,在上面盖房子的人家以后世代都会做大官。"范仲淹一听,便说道:"要是这样的话,绝不能由范家一家独得好处。"之后便把地皮捐了出去,建了一所学堂。

一生清廉的范仲淹并没有给后世子孙留下什么物质财富,可却留下了饱足的思想养分。时至今日,罗江范家大院的石柱上还有一副楹联:"自喜奂轮光世泽,还崇廉俭绍家风。"

拥有纯正优良家风的家庭往往会出孝子贤孙,而总是充盈着歪风邪气的家庭,必然走不出正人君子。子女在父母、祖辈的影子下成长,无

第五章 以廉立德，创建廉洁之家

论心智还是思想，都会受到极大的影响。因此，党员干部必须重视培养清廉家风，创造廉洁氛围，让子女在耳濡目染下自然而然地成长为廉洁之士。

留金留银不如留德留福，《大智度论》中说："富贵虽乐，一切无常，五家所共，令人心散，轻躁不定。"党员干部自身要首先做到不碰廉洁"高压线"，不贪不占，从根源上杜绝家庭变成腐败重灾区的可能。

翻看贪官们的"贪污史"不难发现，其中绝大多数贪官都是因为做不到严于律己，主动迈向腐败悬崖才摔得粉身碎骨，而他们往往在案发后才悔不当初，还把伴侣、子女和父母一起牵连其中。这归根于他们心中没有树立廉洁家风的意愿。端正家风是创建廉洁家风的基础，有正派的家风也不至于沦为阶下囚。

☆☆☆☆☆☆☆☆☆☆☆☆☆☆☆☆☆☆☆☆

张闻天是老一辈无产阶级革命家、政治家，他一生奉行的原则是："干部是人民的公仆，公仆对人民只有奉献的义务，没有索取的权利。"在他的革命生涯中，从未为家人谋过半点利，甚至不但不谋利，还十分"苛刻"，但正是这种"苛刻"为张家树立了廉洁家风。

作为党员干部，张闻天有单位配备的汽车，不过他不允许家人乘坐。一次，他的儿子张虹生在他上班之前上了车，以为软磨硬泡就可以沾一次光。可是张闻天却丝毫不妥协，直接走路去上班了。

张虹生中学毕业后，张闻天便动员他响应党中央的号召，投身天津茶淀农场工作。两年后，他获准回北京考大学。由于长时间不在学校，张虹生对自己的外语水平没什么信心，所以希望父亲可以跟外交学院"打个招呼"。张闻天当即拒绝，说:"你有本事就上,没本事就别上。"最终,张虹生凭借自己的努力考上了北京师范学院。

后来,张虹生被张闻天送到新疆生产建设兵团工作。当地环境艰苦,各方面条件也不够好,没过多长时间,张虹生患上了肝炎,并发展为慢性病。他想回北京治疗,可他的想法再次遭到了父亲的反对。张闻天在回信中说:"你有什么资格来北京看病?新疆那么多职工得了肝炎,都是在新疆治,肝炎完全可以在当地治。"他告诫儿子千万不要有依赖思想,觉得自己是干部子女就可以享受特权。就这样,张虹生一头扎根在新疆,直到退休。

到底什么才是值得传承的家风?见仁见智,但只要包含着乐善好施、诚实守信、勤劳俭朴等传统美德的家风,就是端正的、优良的家风。

对广大党员干部来说,树廉洁家风、扬清风正气、建幸福家庭是一种素质,更是一种责任。家风正,则人心正。那么,党员干部要如何才能创建廉洁家风呢?

第一,正确看待幸福。幸福是一种感觉。有的人觉得获得更多的金钱是幸福,有的人觉得实现职位升迁是幸福,有的人觉得家庭和睦是幸福,也有的人觉得吃上一顿大餐就是一种幸福,幸福的定义随着人们的需求和心境等不停地变化。事实上,只要在能力范围内创造满足个人生活和情感需求的一切,就称得上是幸福。

正确看待幸福,要求党员干部做到慎欲、自省,即一方面控制私欲,切勿欲壑难平;另一方面,时常给自己的心灵"洗洗澡",从思想上扭转以往的认知误区。久而久之,自然会发现,其实想要的幸福一直都在身边。

第二，养成健康积极的心态。良好的心态是确保工作顺利开展的重要前提，表现在客观地看待得与失，不因为某个同事的升迁或获得更多财富而心态失衡，这一点党员干部配偶身上也可能存在。党员干部应当用心开导配偶，不要把金钱的多寡作为衡量一切的标准，从而夫妻同心，共同为创建廉洁家风发光发热。

第三，营造廉洁氛围。不管在工作中还是家庭中，时常主动带入廉洁文化和气息，会更有利于养廉、守廉。在工作中，党员干部要多学党规党纪、廉政知识和文化，多读古人的廉洁故事，多从优秀的历史人物身上找到共鸣。在家庭中，要督促父母、伴侣和子女远离各种诱惑，抵御物欲的冲击，不攀比、不炫耀，常吹家庭"廉洁风"，常念家庭"廉洁经"，同时严把后门，杜绝他人任何形式的馈赠。

第四，树立正确的三观。"良田万顷，日食二升；大厦千间，夜卧八尺"，人的一生中，满足生存需求的外物并不用太多，要树立正确的"三观"，有抽离现实的思想境界，俯瞰自己的人生。当一名党员干部能站在这样的"制高点"，就不会沉迷于声色犬马、纸醉金迷之中而无法自拔，而会看清现实，拥有正确的荣辱观，会"爱惜自己的羽毛"胜过一切，如此就可以以身教影响身边的人。

国廉则安，家廉则宁。廉洁家风不是一朝一夕树立起来的，它需要家庭每一名成员的付出和维护。一个家庭若建设好廉洁家风，对家庭成员的发展，甚至对整个社会的发展都会起到积极影响。

2. "廉内助"是最有效的"防腐剂"

在党员干部身边,一位明事理、懂廉耻的配偶至关重要。

配偶风气正,家庭的风气大多干净、纯洁,好的配偶会成为党员干部事业上的好帮手、家庭生活中的好助手。

世人只知道清官包拯一生正大光明、廉洁律己,却忽视了他背后的夫人董氏的功劳。可以说,在包拯"包青天"的美名中,有一半应归功于董氏。

董氏出身于官宦之家,幼时读书识字,修养颇高。与包拯结为夫妻后,对他说:"大丈夫理应为国为君效力,如让我来照料双亲,我会像对待亲生父母那样侍奉二老,你安心地去考科举吧。"包拯很放心,便把双亲交由董氏照顾,只身一人赴京城赶考。

包拯考中进士后,要被派到其他地方做知县。可是包拯因为父母年事已高,不愿远行,便辞官回乡,堂前尽孝。为了尽孝,放下可以获得荣华富贵的机会,这在普通人看来有些"得不偿失",但董氏却非常赞赏。她明白包拯"先尽孝后尽忠"的想法,于是和包拯一起孝养双亲。

十一年后,包拯父母相继过世,他才重登仕途,出任知县

第五章 以廉立德,创建廉洁之家

一职。在此期间,董氏相伴左右,无怨无悔。

包拯义举频频,董氏对此给予了最大的包容和支持,虽然身为知县夫人,但她始终过着清贫的生活,没有一丝怨言。

董氏除了在生活上照料包拯,在为官方面也有自己的见地,常常能让包拯有醍醐灌顶之感。包拯时常会在宋仁宗面前直谏,一次在上朝时,他因为说得太过激动,不小心把唾沫溅到了宋仁宗脸上。宋仁宗没有当面怪罪他,但他退朝回家后却快快不乐,董氏看出了包拯的心事,询问之后马上回到后屋穿上诰命夫人的服饰,一脸严肃地对包拯说:"你是为国家说话,如果皇上怪罪下来,我也愿意与你一同受罚!只愿你以后在朝堂之上还能继续为国为民直谏!"她的一番话,让包拯内心的阴霾烟消云散,而这番话也体现出了董氏的深明大义。

✧✧✧✧✧✧✧✧✧✧✧✧✧✧✧✧✧✧✧✧

真正的"贤内助"也必然是"廉内助",他(她)们不但会守住家门,还会与另一半心往一处想,共同筑起牢固的思想堡垒。与"廉内助"截然相反的是"贪内助",他(她)们总是把眼睛看向高处,永远不满足于眼前拥有的一切。

有一位某省供销社主任在受贿被查后说:"我戴的手铐,有我的一半,也有妻子的一半。"据查,在这起贪腐案件中,单是儿子结婚,这位主任的妻子就私收了30万元的红包礼金。由此可见,贪内助如同埋在党员干部身边的"定时炸弹",一旦有私利可以谋取,这颗炸弹会马上爆炸。

广大党员干部必须引以为鉴,要深刻认识到"贪内助"是无形的推手,会把原本廉洁的官员直接推向腐败的泥潭。

廉鉴：与一切腐败行为作斗争

☆☆☆☆☆☆☆☆☆☆☆☆☆☆☆☆☆☆☆

唐朝大贪官元载的妻子王氏，是历史上出名的"贪内助"，她贪婪无度，不知满足，除了把持家里事务，更插手丈夫的政事，元载的很多政治"见解"源于王氏。

上梁不正下梁歪，夫妻二人的三个儿子也是腐化堕落之辈、贪赃枉法之徒。王氏经常让儿子们"游于外"。"游于外"，并非单纯地外出游玩，而是四处结交狐朋狗友，满足个人贪欲。三个儿子也果真"不负所望"，依仗父亲的权势和地位胡作非为，"唯以聚敛财货、征求音乐为事"，所以家里有无数珍宝和很多美女。

元载一家如此肆无忌惮、嚣张跋扈，怎能不引起皇帝的注意呢？于是，唐代宗派人逮捕元载，一番审问后处以极刑。在敕书中，唐代宗还强调："凶妻忍害，暴子侵年，曾不提防，恣其凌虐。"很快，幕后的"贪内助"王氏和她三个儿子也受到应有的惩罚。在元府抄家时搜出无数珍宝。

☆☆☆☆☆☆☆☆☆☆☆☆☆☆☆☆☆☆☆

古往今来，大多官员腐败的背后有"贪内助"，她们对腐败起到推波助澜的作用。而现实中贪官夫妻双双进牢房的案例并不少见，这些贪官的配偶都有一个共同的特点：对利益有着无尽的追逐。在追逐利益的道路上，他们忘记了身为配偶应当做好的分内事，忘记了他们不仅是家庭的一名成员，还是党员干部的家属，应更懂得辅助另一半的意义。

前车之鉴，当永记于心。为了家中党员干部能安心工作，无后顾之忧，为了家人拥有一个和谐美满的家庭，"尊贤崇廉"应该成为每一名党员干部配偶的持家之"道"。

第五章 以廉立德，创建廉洁之家

3. 言传身教，做好廉洁带头人

父母是孩子的第一任老师，孩子在成长过程中会从各个方面遵从父母的教诲并模仿父母的言行举止，父母对孩子的影响巨大。从廉洁建设的角度看，父母要做到言传身教，为子女做出表率，因而，父母要时刻检点自己的言行，以身示范，督促子女养成廉洁自律的好习惯。

隋朝清吏郑善果经朝廷考核，被誉为"清廉之最"，而他之所以有这样的盛名，与母亲密不可分。

郑母是清河崔氏的女儿，13岁便嫁给郑善果的父亲郑诚。郑母贤良淑德、通情达理。7年后，郑诚以身殉国，年纪轻轻的郑母便成了寡妇。她一个人含辛茹苦，将郑善果养育成人。

幼年时的郑善果承袭了父亲的爵位，十几岁便出任沂州刺史等职。郑母见儿子年纪太小，担心他处理地方政事有失偏颇，所以每次都在屏风后监听。儿子判断合理、处理公正时，回房后便会与他说说笑笑，并给予鼓励；一旦儿子有失公允，或无缘无故发脾气，郑母则十分生气，并严厉训诫儿子。每每遇到这种情况，郑善果都会跪在母亲身边，悉心聆听教诲，认真改过。

郑母总是教导郑善果要清廉为官、不骄不躁，为此她以身作则，一直亲自纺纱织布，为儿子做出榜样。郑善果见母亲这般辛苦，便奉劝说自己身居高位，家里并不清苦，为什么还要亲自纺纱织布呢？郑母回答："你现在所领取的俸禄，是朝廷为了报答你父亲以身殉国才赐予的，理应让全族老小都受到照顾，我怎么能一人独享富贵呢？更何况纺纱织布本就是我的分内事，假如我连自己应该做的事情都丢掉，就必然会成为一个骄奢淫逸的人。虽然我不懂礼，可也绝不会败坏自己的名誉。"

正是得益于郑母的良好教育和以身作则，郑善果才成为一代"清吏"。

父母为子女树立模范和榜样，子女会有一个更明确的成长方向和路径。

如果父母和子女都是党员干部，父母不仅要为子女做出表率，还要对子女提出高标准、严要求，要时刻监督他们，远离可能腐化、吞噬廉洁之心的一切外物和因素，同时让子女多学习廉洁文化和知识，使其从思想上筑牢反腐堡垒。

父母是普通群众，子女是党员干部，父母要多行监督、提醒之举。当子女有走歪路的迹象时，父母若能及时指出问题，就能让他们尽快回归正途。相反，如果听之任之，甚至在子女的腐败行为上"火上浇油"，不但没有监督、提醒之举，反而依仗子女是某单位领导而肆无忌惮，耀武扬威，试问这样的父母又如何能成为子女廉洁从政之路上的向导和监督员呢？所以，党员干部的父母必须正确看待子女手中的权力，坚决反腐，守廉养廉，不把公权当私权。党员干部的父母成为反腐监督员，党员干部也就可以从根本上做到拒腐。

如果父母是党员干部，子女是普通群众。父母除了自身廉洁，也要

第五章 以廉立德，创建廉洁之家

教导自己的子女廉洁。廉洁从来都不是党员干部一个群体的事，普通群众一样要廉洁处世、清白为人。从这方面来看，党员干部必须率先垂范，切勿因溺爱子女便无条件答应他们的任何需求。人心都是贪婪的，一旦党员干部过度纵容子女，子女的欲望就会无节制地疯狂生长。党员干部如果做不到廉洁奉公，没有以廉治家、以廉育人，最终只会自食其果。

☆☆☆☆☆☆☆☆☆☆☆☆☆☆☆☆☆

彭明治，历任红军班长、排长、连长、教导队长、团长、师参谋长，参加过多次大型战役。彭明治是个恪守原则、坚守底线、光明磊落、廉洁自律的人，他虽然身居高位，手握权力，却从不为自己及亲戚朋友谋取私利。对子女和亲戚朋友，他都会提出严格要求，从不做违反纪律、触碰法纪红线的事情，始终牢记规矩和界限。

彭文生是彭明治的堂侄，他曾回忆起这样一件事。20世纪70年代，县里领导打算通过彭明治将军的关系弄几辆车，所以便邀请他和彭明治的弟弟彭明维一起去北京找彭明治。彭明维并不想去，因为他太了解自己的哥哥是不可能答应这个请求的。但领导一再劝说，他也只能勉为其难跟着去了。见到彭明治后，二人便说出此行的目的。彭明治一听，当即震怒，说道："你们好大的胆子，找关系都找到北京来了。"彭明维见势不妙，转而恳请哥哥帮自己儿子在北京谋一份差事，结果同样吃了闭门羹。彭明治说："打铁要靠本身硬，你们就安心在家乡工作吧。只要听党的话，饭会有吃，衣会有穿，房子是会有住的。"

彭文生去北京见彭明治时，看到堂堂一名将军居然住那么小的房子，生活那么简朴，家里几乎没有什么贵重物件，唯一

"贵重"的是一台陈旧的黑白电视机。

彭明治最后一次回乡做农村调研时,县委十分重视,专门在县招待所设宴,准备好好招待彭明治。可是,彭明治并未到场,还将县委领导批评了一顿:"现在,我们的国家还不富裕,群众生活还比较艰难,我们领导干部不能带头大吃大喝,败坏党风。我们不能忘了党的优良传统和作风,要过好廉洁自律这一关。"

彭明治一生廉洁自律,通过自己的一言一行践行了一名共产党员的初心和使命。

☆☆☆☆☆☆☆☆☆☆☆☆☆☆☆☆☆☆☆

党员干部做好廉洁带头人的基础和前提,除了本身清廉之外,还在于对家庭成员做到不松懈的约束和监督,不因他们是自己的亲人便降低廉洁标准。

身教胜于言教,严于律己、克己奉公,以廉为荣、以贪为耻,始终是创建廉洁家庭的重要保障。

4. 消除特权思想,争做廉洁子女

有一句俗语叫"可怜天下父母心",日常生活中,我们常会引用这句话来说明父母的爱子、护子之心,表达伟大的父爱、母爱。

不少为人子女者正是因为知晓父母会把自己挂在心头,所以变得肆

第五章 以廉立德，创建廉洁之家

无忌惮、恃宠而骄，进而做出很多终身悔恨的事情。对党员干部来说，子女的恣意妄为是一道无形的枷锁，会把他们牢牢锁住，直到推向悬崖边，而后跌落下去，粉身碎骨。

✿✿✿✿✿✿✿✿✿✿✿✿✿✿✿✿✿✿✿✿✿✿✿✿✿

中共元老段君毅，是一个从不搞特殊，也不允许子女搞特殊、躺在父辈功劳簿上享清福的人。长子段存让也尽显朴实无华、清廉正直之风。

做教师时，段存让在工作中遇到任何问题都是自己解决，不曾求助父亲，后来凭借个人能力进入县委统战部工作，直至退休。虽然是父子，可涉及工作时，段氏父子仿佛陌生人一般。段存让廉洁奉公、持正守廉，从不向父亲求助，从根本上掐断了享特权的念头。

段君毅在写给段存让的信中说："你们家生活总比别人家还好一点，你要争气，不要占公家的便宜，否则不会有好处，你们都知道我是按党的原则办事的，对一些不合理的事情，我是不会同情的……"段存让谨记父亲的教导，始终默默耕耘、甘于奉献。

晚年的段存让和老伴儿住在范县白衣阁白衣西村一处普通小院里，时任河南省委主要领导曾拜访过段老。看着他家里简陋的摆设，卢展工十分有感触地说："老段你干了一辈子就是一个副科级干部，儿子也是村干部，与普通村民一样，住着简单的房子，使用旧家具，难能可贵。"

✿✿✿✿✿✿✿✿✿✿✿✿✿✿✿✿✿✿✿✿✿✿✿✿✿

段存让一生廉俭，一生未曾辜负父亲的期望。而段君毅对儿子的深情厚爱，也都凝聚在"清廉"二字上。

父母对子女的爱是浓厚且不求回报的，子女要以什么样的举动回应父母之爱呢？对于这个问题，段存让用自己的一举一动给出了最佳答案。

在反腐助廉上，家人的作用至关重要，很多贪官最初正是因为过不了"亲情关"，才一步步陷进腐败泥潭。身为党员干部的子女，要明白父母的身份绝不能成为自己违法乱纪的挡箭牌。

✿✿✿✿✿✿✿✿✿✿✿✿✿✿✿✿✿✿✿✿✿✿

某检察官的儿子虽然还是一名小学生，可在廉洁自律上已经让很多成年人自叹不如。

一次，在放学的时候下起了大雨。在检察院开车的一名司机来学校接孩子，碰巧看到了检察官的儿子也在校门口，便想一起接走，顺道送他回家。然而，司机一再解释和劝说，检察官的儿子却坚决不肯上车，直到他妈妈来学校才把他接走。

原来，检察官和妻子平日里便教导儿子不能坐公家的车，不要有任何特权思想，所以儿子铭记在心，坚决不上那名司机的车。后来这件事在检察院传开了，很多司机意识到自己的错误，不再用公车接送孩子。

还有一次，检察官去外地出差返回，途经学校时想看看儿子，可儿子居然"避而不见"，弄得检察官吃了"闭门羹"。回到家后，他询问儿子为什么不见他，儿子说："开这车不要再去学校找我了，我不想让别人知道我爸爸是做什么的。"儿子的一句话，让检察官和妻子内心一热。可见，廉洁自律已经在这家人的心中生根。

✿✿✿✿✿✿✿✿✿✿✿✿✿✿✿✿✿✿✿✿✿✿

在子女的眼中，父母的一言一行都有特殊的意义。子女廉洁的前提是父母廉洁，父母要从根源上消除一切廉洁漏洞，不给子女开享受特权、搞特殊待遇的先河，这样，子女的思想和认知里便只有清廉，没有贪腐；只有清清爽爽，没有浑浑噩噩。

5. 讲亲情、守原则、重廉洁

中华民族自古以来就十分重视家庭、重视亲情，这是我们的优良传统，但对于个别容易"原则失守"的党员干部来说，亲情在此却成了"羁绊"。这样的党员干部面对亲情与原则往往会陷入"两难"境地，殊不知，一旦出现这种局面，就意味着这位党员干部可能无法严守廉洁阵地，从而发生以权助亲的情况。

亲情与原则本不该是对立的两面，只要党员干部的一言一行对得起良心，对得起党和人民，二者就会相融相通。

☆☆☆☆☆☆☆☆☆☆☆☆☆☆☆☆☆☆☆☆

李坚真是中国妇女运动的先驱，也是中央苏区第一位女县委书记，中共中央第一任妇女部长。出身于贫苦之家的她是个刚直不阿的人，更是个廉洁奉公的干部。她对亲属要求十分严格，不管写信还是捎话，总少不了这几句："我很好，你们不用挂念，不要浪费时间、金钱，不要专门到广州来，你们在家要搞好生产，做好工作。"

一次，李坚真的弟弟李永良去广州看望她，到了姐姐家后，他不禁瞪大了眼睛：姐姐家居然这么简陋！普通的房子、破旧的家具，几张长条凳、一把藤椅和一张在乡下随处可见的茶几，这与他想象中的姐姐家有着天壤之别。

这天，李永良对李坚真说："姐姐，老家的房子太旧了，我们住的还是你出生时住的老房子，现在打算盖一座新的。"随即他又提出希望姐姐能施以援手的请求。李坚真听完，笑着回答："姐姐没有钱，即使有，也是党和国家的，家里要盖房子，还是自力更生好。"后来李永良靠自己盖起了新房。

后来，李坚真的侄子想"顶替"已经退休的父亲，办理"农转非"，可那时他的年龄超过标准线1岁，所以他找到姑姑李坚真说情，希望她帮着说句话。

李坚真明白侄子的心思，思考了一会儿后，说："你的事情，你的要求，我不能开口，更不能写字。"就这样直接拒绝了侄子。但廉政为民、一心为公的李坚真用实际行动换来了侄子的理解，因为侄子看到姑姑从来都不是以权谋私的人。

当李坚真打算回家乡时，亲属们便想修缮之前被烧毁的房子，当地领导得到消息后从民政部门的救灾款项中拨出了400元帮助修房子。

回乡后，李坚真从公社领导那里了解到修建房子的具体情况，当听到民政部门在救灾款项中拨出400元时，当即严肃地批评了公社领导，她还专门向侄儿等亲属解释说，救灾款是救命钱，绝不能用于自家修建房子，包括自己在内，谁也不能领这笔钱。后来，这笔款被收回了。

✿✿✿✿✿✿✿✿✿✿✿✿✿✿

诗人元好问说："能吏寻常见，公廉第一难。"为官者能做到抛开一切，一心为公的确不容易。"人非草木，孰能无情"，面对亲情，个别党员干部很难取舍，难以平衡。事实上，只要把党规党纪摆在心头，避免任何触碰这一红线的行为，就做到了"公廉"。

在亲人面前，党员干部更要为权力贴上明显的"标签"，时刻提醒自己权力要"取之于民,用之于民"。通过一些贪腐案例我们可以发现,不少党员干部走向腐败的深渊,亲人起到了巨大的助推作用。

✰✰✰✰✰✰✰✰✰✰✰✰✰✰✰✰✰✰✰✰✰

李某出生在一个贫困家庭,兄弟姐妹六个常常吃不饱、穿不暖,这样的童年生活让李某暗下决心,以后一定要出人头地。他很争气,家里人也很支持他,最终如愿考入大学,被分配到市政府法制局工作。

由于吃苦耐劳、工作上进,李某从一名普通职员晋升为市政府办公室秘书科科长,后来当上了某县委副书记、县长。

当手中的权力越来越大,李某结识的老板也越来越多,他开始收受他人贿赂。日子过得越来越"好",他想为自己的家人谋些"福利"。他是从农村走出来的,兄弟姐妹们为他牺牲了很多,所以他想用自己的权力为兄弟姐妹们做点"实事"。很快,他妻子的哥哥和侄子都在他的权力庇护下变成了"有钱人"。

李某的"大舅哥"从某市交通运输局退休后,找到他言明想"赚点钱",李某二话不说,利用职务之便为一家公司揽到一个建设项目,随后与该公司负责人通了气,让自己的"大舅哥"承揽该项目的监理工程。最终,他的"大舅哥"在这个项目上获利近60万元。

他的侄子在购买了一家公司的几个商铺后,因无力偿还近500万元的尾款而愁眉苦脸,这时开发商孙某主动打电话联系他,说明只要能帮忙联系到李某,尾款就不用支付了。李某的侄子知道对方的意思,便告诉了叔叔。李某当即表示同意,而作为"交换",他为孙某公司建设项目补充合同签订、土地竞拍保证金缴纳和款项拨付等方面"大开绿灯"。

案发后,"只讲亲情、不讲原则、忘了廉洁"的李某被法院以受贿罪判处 11 年有期徒刑，并处罚金 80 万。其他涉案人员也得到了应有的惩罚。

✻✻✻✻✻✻✻✻✻✻✻✻✻✻✻✻✻✻✻✻✻

在亲情面前，党员干部要怀揣"权力为公、权力为民"的观念，在运用权力时要慎之又慎。权力越大、责任越大，就越应该更好地为人民服务，坚决杜绝滥用职权为亲人谋私的行为。

亲情是生活的依靠、是遇到困难时的"雪中炭、暗室灯、绝渡舟"，健康的亲情可以让我们在做事时更有底气。党员干部千万不要跨越底线，以免走上歧路、丧失亲情。

✻✻✻✻✻✻✻✻✻✻✻✻✻✻✻✻✻✻✻✻✻

侯抒愫是清朝顺治年间的一名廉官，他任职潍县知县时，清正廉洁、刚直不阿。当时一名郭姓商人摊了官司，有十多名同僚为其向侯抒愫求情，但侯抒愫避而不见。他能做到廉洁奉公，与他的哥哥侯抒恽密不可分。

侯抒愫在升任为潍县知县后，在去往潍县的途中回到襄城看望自己的亲人，哥哥侯抒恽特地设宴祝贺弟弟。席间，侯抒恽端起酒杯对弟弟说："我们家世代以廉洁的操守著称，山东是富饶之地，现在你做了潍县的父母官，切记一定不要玷污了自己的清白，倘若你在任期间贪污一文钱，你就当没有我这个哥哥吧！"说完，他把杯中酒泼在地上。

侯抒愫连忙走到哥哥面前，发誓说："我一定不忘兄长的教诲！"在赶往潍县的途中，来到白浪河畔乘船过河时，眼见清澈的河水，他不禁心中感慨，对身边人说："现在我出任潍县知县，一定要做得像这白浪河的河水一样清洁。"

✻✻✻✻✻✻✻✻✻✻✻✻✻✻✻✻✻✻✻✻✻

与李某及其兄妹相比，侯抒愫和哥哥的这份亲情显得更加可贵。真正的亲情是站在对方的立场看待一切，会想到自己的私心对亲人造成的

第五章 以廉立德，创建廉洁之家

伤害。在亲情面前，党员干部纵然做不到铁面无私，也应当在心里划出清晰的界限，必须把权与情分清楚，排除一切干扰权力运作的因素，这才算得上真正的"讲亲情"。

因而，为了保护亲情、保护家人，党员干部心里要有一本"廉洁经"，切勿在使用权力上为了所谓的"一家人不说两家话"栽跟头。

第六章

谨慎交友,不碰贪腐红线

党员干部在交友上应该"慎之又慎",因为他们手中的权力会成为一些人与之结交的根本原因。如果不能擦亮双眼,分辨"忠奸",很容易受到不法之徒的诱惑而误入歧路。所以,党员干部必须择善而交、择诚而处。

第六章

1. 君子之交，重情不重利

《庄子·山木》中说："且君子之交淡若水，小人之交甘若醴，君子淡以亲，小人甘以绝。"意思是：君子之间的友谊淡如清水，小人之间的情谊像甜酒一般；君子之交虽然淡泊，可心却走得很近，小人的交情则建立在利益之上，一旦利益断了，情谊也就没了。

在生活中，我们每个人都崇尚、渴望君子之交，不过这种情谊并不容易获得，当与人交往有了强烈的物欲之心，也就只能做到小人之交了。广大党员干部必须擦亮双眼，在与人交往时绝不能忘记身为一名干部应当遵守的原则和规定。

唐代诗人李白的《赠友人三首》一诗中有这样一句："人生贵相知，何必金与钱？"与朋友交往贵在志同道合，要为道义相交，而非为利益往来。党员干部应时时"清洗"圈中损友，主动地将心怀叵测之人排除在朋友圈之外。

不法之徒总会出于谋利的目的与一些干部交往，他们眼中盯着的是干部手中的权力，"醉翁之意不在酒"，别看他们会热情地"送出一只鸡"，但最终必定会"拉回一头牛"。

朱某与秦某的相识，得益于他的妻子何某。何某和秦某是老乡，所以秦某总是频繁地拜望朱某。当时朱某任市铁路局总工程师，是副厅级干部。随着交往的频繁，两人逐渐成了莫逆之交。

后来，秦某干起了个体户，当了小老板。他想弄到低价煤和外运火车皮，所以屡屡找朱某"联络感情"。没过多久，秦某便如愿以偿，拿到了想要的合同。同时在具体的业务推进中，得到了朱某的额外照顾。

秦某得到实惠，便想着"回报"恩人，但他很了解朱某，不会明目张胆地接受自己的感谢，所以他想了一个办法。这天，他来到朱某家中，把一张价值40万元的国债存单递给了朱某的妻子何某。当时朱某不在家，何某有点做不了主，可转念一想，国债存单并不是现金，而且是好朋友送的，索性就收下了。

等朱某回来后，何某把事情一五一十告诉了他。何某了解丈夫，知道换做以前他肯定会把钱退回去，但这次他却一声不吭。

朱某是个非常重义气的人，也非常重感情，对待朋友的请求几乎从不拒绝。正因如此，别有用心的"朋友"便以此为突破口，慢慢地攻克了他内心的廉洁堡垒。经查实，朱某在几年间不但接受"朋友"秦某的馈赠，还收受了一家单位高达500余万元的贿赂。就这样，原本廉洁的一名干部，在自己笃信的情谊面前跌倒了。

每个人都有朋友，也都需要朋友，真正的朋友之间不会有利益的纠葛，彼此的情谊并不会因利益的多寡而或深或浅。一旦牵涉到利益就变质的情谊并非真情谊。

党员干部需要交朋友，但交友标准应当高于普通群众，这里的"高"有两层含义：第一，自己要提高交友标准，不能没有甄别和筛选而乱交友，那样只会交到一些心怀不轨之徒；第二，对接近自己的朋友提高标准。交友要交"挚友、诤友、益友"，要与正直的人交朋友，与守信的人交朋友，与见多识广的人交朋友。这些朋友不会提出过分的要求，因为他们重视的是心灵的契合、精神的共鸣。

损者三友，"友便辟，友善柔，友便佞"。不好的朋友是内心不真诚的人，是虚情假意的人，是善于谄媚讨好的人，党员干部只要以此为标准，就可以有效地甄别哪些是诤友、哪些是损友。

当然，在与人交往的过程中，重要的不是把眼睛放在对方身上，而是应当自我审视，重视自我修养的提升，当我们自身是芳香四溢的花朵时，自然会引来采蜜的蜜蜂，而非盘桓于藏污纳垢之所的蚊蝇，这正是"物以类聚，人以群分"。

✩✩✩✩✩✩✩✩✩✩✩✩✩✩✩✩✩✩✩✩✩✩✩

某省副省长吕某是个心宽体胖的人，为人仗义、出手阔绰，很喜欢结交一些有钱的生意人，全然忘了自己是党员干部，这也为他的"落马"埋下了祸根。

刚参加工作时吕某还能坚守原则，但随着职位的升高，手中权力的增大，吕某逐渐丢失初心与原则。不久，吕某身边便围着一群"吕哥长、吕哥短"的人，这些人口口声声把吕某当成自己的"亲大哥"，其实看中的只是他手中的权力。吕某心知肚明，因为他看中的是他们手中的钱。双方"一拍即合"，打得火热，并由此形成了一个利益链条——这些人给吕某送钱，吕某用权力为他们办事；这些人赚了钱后，再给吕某送更多的钱，之后吕某帮助他们办更大的事。

在双方的认知里，对方都是"值得交往"的"好朋友""好哥们儿"，因为双方都在对方身上得到了自己想要的，大家相安无事，各取所需。可是在这个过程中，党和国家、人民的利益却成了他们"友情"的牺牲品，要为他们各自的需求买单。

案发之后，吕某后悔万分，痛恨自己没有洁身自好、严于律己，而与别有用心之人称兄道弟，可为时已晚。

"鸟随鸾凤飞腾远，人伴贤良品自高"，一个人选择与什么样的人交往，自己也会逐渐被对方影响，表现出对方身上的某些特质；自己本身是什么样的人，也自然会吸引什么样的人围绕在身边。党员干部应远离诱惑和品行不端的人，靠近纯良、端正的人，久而久之，就会"与之化矣"，慢慢地具备更高尚的品格。

在日常生活和工作中，党员干部要自觉学习有关党风廉政建设以及反腐败斗争的知识，提升党性修养，强化担当精神，同时要多与基层群众接触，从心底去感受平淡和质朴，让自己真正体会"从群众中来，到群众中去"的内涵。

2. 学会拒礼：礼下之人，必有所求

礼尚往来是中华民族的传统美德，也是人与人之间情感传递的方式，对党员干部来说，要分辨出哪些"礼"可以往来，哪些"礼"不可以往来。人们常说做官难，做清官更难，问题就在于此。廉洁的官员总会被人们推崇，就是因为他们能够果断拒礼，不会把"礼尚往来"这种百姓之间增进情谊的往来方式用在官场之中。他们明白，之所以有人无缘无故地来送礼，是因为他们手中有权，送礼之人有求于己。

《后汉书·羊续传》中记载了"羊续悬鱼"的故事。羊续是东汉时期的一名官员，为官清廉，奉公守法，在出任河南南阳郡太守期间，对当地收受贿赂、请客送礼之风深恶痛绝，他便想从根本上改变这种不良局面。

一次，郡丞送来了一条当地有名的特产——白河鲤鱼。郡丞不住地夸赞这种鱼有多鲜美，更一再声明鱼是自己打捞的，不是花钱买的，但羊续果断拒绝了。郡丞执意不肯拿走，一再请求羊续收下，羊续只能留下。不过，等郡丞离开之后，他没有把鱼送去厨房烹煮，而是挂在了屋外的柱子上，风吹日晒，变成了鱼干。

几天后，那位郡丞再次登门拜访，拎来一条更大的白河鲤

鱼。这次羊续一脸严肃地说:"你作为本郡仅次于太守的官员,怎么能行如此不正之风呢?你上次送来的鱼还挂在外面,已经变成鱼干,请你一起拿回去吧。"郡丞听完羊续的话,羞愧地低下了头,并把鱼干一并拿走了。

这件事很快传遍了南阳郡,当地百姓无不称赞羊续的做法,并称其为"悬鱼太守",此后再也没人敢给羊续送礼了。南阳郡的歪风邪气得到了有效遏制。

明朝"廉干"于谦对此事颇有感慨,特地写了一首诗:"剩喜门前无贺客,绝胜厨内有悬鱼。清风一枕南窗下,闲阅床头几卷书。"

✦✦✦✦✦✦✦✦✦✦✦✦✦✦✦

"礼下之人,必有所求",那些以任何形式送礼物的人都有自己的"小算盘",也许当下不会直接言明所求之事,但他们绝对是在为日后的相求提前铺路。党员干部要警钟长鸣,不因任何小利小惠而心存侥幸心理,不要觉得礼尚往来是人之常情。当你与对方素未相识,对方却以"交友"之名屡屡送礼,这又怎么能算是"礼尚往来"呢?

党员干部必须严把"心门",一旦与别有用心之人产生利益纠葛,"礼"也就变了味道,发现有任何贪腐苗头存在时,要及时将其扑灭。

✦✦✦✦✦✦✦✦✦✦✦✦✦✦✦

某市原副市长施某在短短三年中,多次利用职务之便为他人谋利,收受贿赂共计500余万元人民币、4万美元、3000欧元。这已经是清清楚楚的事实,却被施某屡屡在法庭之上推翻。面对检察机关的询问,他说的最多的话就是"我记不清楚了,那些钱都是好朋友送的,是礼尚往来"。

经查实,施某口中的"朋友"大多是煤矿、煤炭局等煤炭领域的主管领导。当检察机关询问他们之间的关系时,施某一口咬定与他们是纯粹的朋友关系，不涉及任何其他往来。施某以"朋友"为借口掩人耳目，实际上是为自己的贪腐事实辩解。

后来，在检察机关的走访和调查下，施某的受贿细节浮出水面。其中一次是对方趁他的孩子高中毕业，以"成人礼"之名一次性送给施某20万元，并说这是"老相识"之间的一点心意，还把这笔钱冠以"大学基金"的名号。而施某作为"回礼"，为对方牵线搭桥，使对方成功批得一笔价值高达300万的项目。毫无疑问，"礼尚往来"在他们看来是彼此获益的最佳借口。但最终，施某还是为自己的不慎交友付出了沉重的代价。

礼尚往来应当是人与人之间为增进感情，以普通物品或者某种行为作为媒介，达到更亲密交往的目的，这种往来理应是纯粹的、干净的。而当一些人把它作为敛财的"幌子"，礼尚往来就变质了，失去了本色。原本喜气、温馨的礼尚往来公然变成了腐败的遮羞布。

要想从根本上杜绝"以礼受贿"的情况，首先，需要党员干部坚决不为他人"开绿灯"，做到严于律己，不收礼、不送礼，也就没有了"礼尚往来"的借口。其次，别有用心之人善于通过党员干部的身边人打开缺口，所以党员干部要管好亲属，切莫让他们为别有用心之人求情、开口。最后，凡事秉公处理，公事公办，不给别有用心之人任何"感谢"的机会。只要照章办事，就说明这是党员干部的分内事，就没有任何可以额外感激的借口，在这种情况下，若别有用心之人还指望表达感谢，党员干部就能坦然面对、果断拒绝。

虽然有"多个朋友多条路"的说法，但党员干部在交友上应遵循"择善而交、择廉而交"的原则，不能不加分辨地与他人胡乱交往，导致朋友圈"良莠不齐"。党员干部务必要加强自身修养，培养"不义而富且贵，于我如浮云"的高尚品格，真正做到"心不动于微利之诱，目不眩于五色之惑"。

3. 交友重德，不生祸端

孔子将朋友分为"益友"和"损友"两类，并说："益者三友，友直、友谅、友多闻，益矣；损者三友，友便辟、友善柔、友便佞，损矣。"这句话的大意是：有益和有害的朋友各有三种。与正直、诚实和见多识广的人交朋友，自然是有益的；与阿谀奉承、心术不端、华而不实的人交朋友，自然是有害的。

对广大党员干部而言，在交友过程中要注重品德和修养，不能因权、因利而交，要坚守"以德交友"的原则，才能避免惹祸上身，才能彻底与贪污腐败划清界限。

以德交友，才能交到良友、益友、净友，党员干部需交友以德、交友重德，要恪守积极、健康、向上的交友原则，不与不廉者交、不与自私者交，要与遵道、守义、重情、轻利者为友。

明朝的苏浚在著名的《鸡鸣偶记》中把朋友分成了四种："道义相砥，过失相规，畏友也；缓急可共，死生可托，密友也；甘言如饴，游戏征逐，昵友也；利则相攘，患则相倾，贼友也。"意在告诉大家，在道义、学业上互相勉励，有缺点和错误直言不讳的是"畏友"；心意相通、荣辱与共的是"密友"；彼此吹捧，只重视吃喝玩乐的是"昵友"；只看中利益，朋友遭难不但不能雪中送炭，反而落井下石的则是"贼友"。

春秋时期，鲍叔牙在南阳做生意，与管仲结识。通过一段时间的接触，鲍叔牙了解到，管仲虽然家境贫寒，但有雄才大略，所以他很看重管仲。一起合伙做生意期间，管仲每次都给自己多分钱，不过鲍叔牙却并不生气。有人问他："你这么做不吃亏吗？"他回答说："管仲不是贪财之人，只是家中穷困，急需用钱罢了，多拿些钱也无妨。"

管仲曾参与出征，却在战场上屡屡临阵脱逃，于是有人讽刺管仲胆小懦弱，鲍叔牙听到后便为管仲辩解，说管仲是因为家中尚有老母亲需要侍奉。

齐桓公即位后，论功行赏，打算提拔鲍叔牙为齐国宰相。然而鲍叔牙却说："与管仲相比，我只是一名庸臣，难有更大的作为。如果您想治理好齐国，一定要任用管仲为宰相。"随后他列出了管仲的多个强项，并说管仲当宰相的话，必然会让齐国快速强盛起来。

最终，齐桓公听了鲍叔牙的话任用管仲为相，齐国很快强盛起来。而管仲对结交到鲍叔牙这个有德有行的挚友也充满了感慨，他曾饱含深情地说："生我者父母，知我者鲍子也。"

人是社会的成员，没有人可以脱离社会而生存，所以与人交往不可避免，也不可或缺。党员干部由于职业的特殊性，决定了他们的交往面会更广，交往活动也会更多，所以就更有提高警惕的必要。他们手中握有权力，交友范围和交往方式对权力运作自然会产生潜移默化的影响。

党员干部必须在交友上慎之又慎，绝不能因为交友问题断送自己的大好前程。

第一，坚定信念，提升思想上的防腐免疫力。人的身体会因为对外来入侵的病毒、细菌产生免疫力而保持健康，党员干部也有必要提升思想上的免疫力。

第二，练就一双可以识别贪腐的慧眼。当细菌、病毒入侵肌体后，我们会产生各种不适的感觉，这时才意识到预防为时已晚。党员干部有必要在周围环境发生微妙变化之时，远离"病毒源"，做到未雨绸缪。

对党员干部来说，在与形形色色的人打交道的过程中，势必会察觉出某些异样，如果听之任之，就极易让腐败的种子生根发芽。因此，无论是生活中还是工作中，党员干部都要做到擦亮自己的双眼，不要被所谓的朋友带来的利益蒙蔽。

第三，培养有错必纠的心态。人非圣贤，孰能无过？党员干部也是人，也会犯错，但犯错不可怕，能够及时纠正，避免再犯同样的错误才是重点。恶友投其所好、乘虚而入，会在党员干部稍有疏忽的时候暗箱操作，这便导致了党员干部的"犯错"。是选择悬崖勒马，自我纠错、改正、反省，还是与恶友沆瀣一气、同流合污？因此，党员干部时常开展自我批评尤为重要。

党员干部要善于发现自我问题，匡正思想，荡涤灵魂，从而获得眼界和格局的提升，练就甄别"善友"和"恶友"的"内功"。

4. 严防"黑友",避免堕入腐败泥沼

"独学而无友,则孤陋而寡闻",人本身的属性决定了任何人都不能过离群索居的生活。党员干部必须善于"分良莠、辨忠奸",即使做不到拥有一双火眼金睛,也要做到主动远离黑友、损友、恶友,避免与他们产生任何瓜葛。

章某曾是某市公安局局长,坐在这个位置上,他理应"铁肩担道义",疾恶如仇、惩恶扬善,然而他不但忘记了党员干部应当恪守的行为准则,而且与黑恶势力称兄道弟、同流合污。

他在任期间,与一名某黑恶势力的骨干成员过从甚密,这名成员曾被刑事处罚,有违法犯罪前科。然而章某依然故我,毫不避讳地多次接受对方的请客吃饭之邀,还几次三番接受对方赠予的钱物。

有了倚靠,那位黑恶势力分子更是有恃无恐,大行敲诈勒索、开设赌场之事。章某对这伙黑恶势力的包庇和纵容让很多无辜群众叫苦不迭,其中有些还被打成重伤,但施暴人却并未得到任何惩戒。

最终,章某因受贿、包庇、纵容黑社会性质组织罪被检察机关依法查处。

廉鉴：与一切腐败行为作斗争

严于律己是党员干部的立身之本，也是一块试金石。党员干部必须在工作中上紧廉洁发条、定好贪腐闹钟，让警示时时出现在生活中和工作中的每一个角落，这样才能避免一不小心踏入"黑友"设下的陷阱。

孔某出身于贫苦之家，自幼在艰苦环境中长大。他年少时便立下志向，学习上非常刻苦。后来，他考入某市的一所农校，毕业后进入园林系统工作。

在工作中，孔某兢兢业业、细致严谨，成为旅游局总工程师。一连几年，他都在单位的年度考核中被评为优秀，成为业内知名的园林专家。但自从分管工程建设后，手中有权的他开始发生了变化。

最初那个质朴的孔某很快消失不见，取而代之的是一个喜欢交朋友、热衷于纸醉金迷生活的人。他开始与"有钱人"往来，出入各种高端场所，每天都应酬到很晚。孔某喜欢打麻将，也喜欢字画古玩，所以不少大老板便投其所好，专挑珍贵的物件相送，表面上说"朋友之间来往，不拘小节"，实际上所送的每样东西都价值不菲，绝不是一般情谊可以担起的。

在打麻将时，孔某明显感觉到大家都在"陪他一个人玩"，因为赢钱的总是他。就这样，老板们顺理成章地把贿赂"送"到孔某手中，孔某也自欺欺人地觉得这是自己手气好赢回来的。

后来，孔某因严重违纪被组织审查调查，而他办公室挂着的那幅"择善而交"的书法作品看起来却格外刺眼。

第六章 谨慎交友，不碰贪腐红线

"黑友"不局限于黑恶势力，甚至于他们比黑恶势力更加恐怖，因为他们就潜藏在党员干部的周围，伺机而动、闻风而动，哪个党员干部思想不坚定，就可能成为他们腐化的对象。因此，党员干部要有自己的交友准则，主动远离那些有意巴结、恭维自己，或拉帮结伙的不法之徒，本着健康交往的初心，不出入不干净的场所，拒收一切说不清道不明的礼物，做到"心不贪、嘴不馋、眼不斜、耳不偏"，收敛心性，自然不会堕入腐败的泥沼。

《论语》中云："君子周而不比，小人比而不周。"这句话的意思是：德行高尚的人以正道广泛交友但不互相勾结，品格卑下的互相勾结却不顾道义。在集体中，拉帮结派、搞小山头的人几乎都是为了谋私利，或改变某件事的走向，令其更有利于自己。因而，党员干部要消除"站队思想"，也要避免自己被牵涉到任何"小山头"之中，在那样的环境中很难真正做到独善其身，因为里面尽是把私欲凌驾于集体利益之上的"黑友"。

唐代政治家、文学家裴度为官廉洁，讲求任人唯贤。唐宪宗时期，他担任宰相，处事公正、克己复礼，任何人犯错他都直言不讳，当面指出，而那些被纠错的官员仍与他私交甚好。

晚唐时期，朝廷拉帮派、搞山头的风气日盛，很多人忌惮裴度的权力，也有一些人想让自己的阵营更加稳固，所以积极拉拢他，不过均被他断然拒绝了。在他看来，同朝为官者，只要心中想着办事为公，就都是朋友，拉帮结派会使官员的凝聚力涣散，不利于团结。为了消除这种不良风气，他还积极向朝廷推荐贤才，坚决反对奸臣。后来，《旧唐书》中对他有这样的评价——威望、美德和勤奋堪比郭子仪。

5. 打造干净的朋友圈

欧阳修说:"君子与君子以同道为朋,小人与小人以同利为朋。"品德高尚的人因志趣相同而成为朋友,品德低下的人因为彼此之间有共同的利益而成为朋友。这句话道出了人品不同结交的朋友也不同的道理。

每个人都有自己的朋友圈,如果"圈"中都是洁身自好、品性高洁的人,那么自己也会"近朱者赤",如果"圈"中都是人格卑鄙之人,那么自己也会"近墨者黑"。

☆☆☆☆☆☆☆☆☆☆☆☆☆☆☆☆☆☆☆☆

某省交通运输厅原厅长楚某因受贿罪被判处无期徒刑,他在悔过书中将自己是如何走上贪腐之路的前因后果一一道明,其中惹人注目的一条便是:交了不该交的朋友。他写道:"这些所谓的朋友是把我拉进腐败深渊的罪魁祸首。"

某市原副市长齐某共收受他人贿赂117万元人民币和1万欧元,案发后,被法院一审判处13年有期徒刑。经查实,他收受的贿赂中,有94万元是一位"朋友"分多次送来的。他在忏悔书中写道:"我所犯下的不可饶恕的罪行中,最重要的就是交友不慎!"

某市委原常委赵某因受贿罪,被法院依法判处11年有期

第六章 谨慎交友，不碰贪腐红线

徒刑，其违法所得全部上缴国库。同年，他写下几千字悔过书，直接在其中言明"交友不慎"是导致他跌入腐败泥潭的根本原因。

✲✲✲✲✲✲✲✲✲✲✲✲✲✲✲✲✲✲✲✲✲✲✲✲

"落马"的官员身旁总有一些所谓"朋友"，他们表面上与官员们称兄道弟，实质上只是为了满足个人所需罢了。

党员干部要在内心制定一个交友准则，符合这一准则的，可以与之来往，甚至深交；在准则之外的，则要即刻远离，无论对方身上有什么"突出特质"，或是采取何种诱惑自己的方法，都要果断与之切断联系。很多时候，正是因为诱惑使然，才会促使党员干部抛掉原则和底线，变得一心只为谋取私利，最终失守廉洁底线，堕入腐败深渊。

✲✲✲✲✲✲✲✲✲✲✲✲

华某是一个私企老板，别看还不到40岁，可在某市内可谓名声大噪，当地很多官员都是他的座上宾。虽然华某学历不高，可手段非常高明。他本是个地痞，但在几年之间便依靠行非法之事成了身价过亿的大老板，紧接着他把之前就涉足的黑社会性质组织、女性卖淫、赌博以及贩毒等"业务"进一步扩大。

一次，华某在酒桌上拍着胸脯说："我现在给市长打电话，他马上就得来，你们信吗？"人们纷纷起哄，华某便当着大家的面拨打了电话。让人意想不到的是，没过多久，市长就一脸笑意地走了进来。

华某之所以可以做到对市长"召之即来"，是因为他早就在私下里与之搭上了关系。华某与该市长的秘密情人有着不一样的关系，也就是说，华某很早就利用女色"俘获"了市长。此后，不管是银行贷款还是开设暗中赌博的夜总会，该市长总

会出面安排一切。由点及面，越来越多的官员被华某"俘获"，成了他谋利的工具。

后来，华某涉案被查，与之有关联的诸多官员也都得到了应有的惩罚。

在正风反腐中，污浊的"朋友圈"危害极大，这样的"圈子"会弃集体利益于不顾，甚至于会以牺牲国家、人民的利益为代价谋取私利。因而，党员干部要多交益友。具体来说，党员干部应放下姿态和身段，多走进基层群众之中，多去感受朴实、纯粹，也就自然会"先净其心、后正其行"。

党员干部越是做到返璞归真，实实在在地感受到百姓之需、百姓之急，就越能充分地理解党规党纪，越能全面、正确、积极、深入地贯彻执行党的基本路线，也就会自觉廉洁从政，接受人民群众的监督，始终保持共产党人的蓬勃朝气、昂扬锐气和浩然正气。

一个个鲜活的案例让我们清楚地看到，建立什么样的"朋友圈"就会得到什么样的人生。在交友问题上，党员干部要擦亮双眼，净化交际圈子，升华交友境界，与不怀好意、心底不纯的"朋友"划清界限，在心灵深处真正拥有一方纯净之地。

第七章

以俭养廉，永葆朴素本色

　　节俭可以培养廉洁的作风，也可以培养更高的德行。党员干部在平时要养成节俭的习惯，坚决杜绝铺张浪费、大吃大喝等行为，更要彻底与奢侈享乐划清界限，厉行勤俭节约，保持艰苦奋斗的作风，不骄不躁、谨慎谦虚，擦亮清廉底色。

1. 节俭是一种态度，廉洁是一种力量

《古今图书集成·家范典》有云："俭则足用，俭则寡求，俭则可以成家，俭则可以立身。"节俭与腐败好似天平两端，当一个人有着积极的生活态度，重修身而轻名利，不骄奢、不浮躁时，天平就会向节俭一端倾斜；若一心追逐名利、权力，生活和工作的重心倾向于获得更大的物欲，天平就会向腐败一端倾斜。

党员干部须知，节俭是新时代党的建设的重要要求，它既是中华民族的传统美德，更是党员干部应具备的基本品质。俭则廉，奢则贪，俭与廉相辅相成，是广大党员干部应坚守的重要品德和行为标准。

周永开，曾任原达县地委副书记、地区纪委书记，1991年6月离休。先后被评为四川省优秀共产党员、全国离退休干部先进个人、全国优秀共产党员。2021年6月，中共中央授予周永开同志"七一勋章"。

在职期间，周永开始终忠诚于党、赤诚为民，不惧黑恶势力，直面诱惑与威胁，查办多起大案要案。无论面对多大压力，周永开始终奉行的原则是："进了纪委这道'门'，就不能怕得罪人。"

担任纪委书记时，请客送礼者络绎不绝，但周永开从未吃

过别人一顿饭、拿过对方一分钱。虽然身居要职，可他的"身家"可谓清清白白。

周永开十分节俭，住的房子里只有三张木床、一个脸盆架、两个旧沙发和几件掉漆的老式木柜。虽然屋内的摆设让人感到"寒酸"，但他甘之如饴，觉得自己的家无比"富有"——客厅西北角有一个木质书架，上面摆满了各类书籍，他喜欢读书，认为思想的富足比生活的富足更重要。他说："生活清贫不可怕，可怕的是思想清贫。"

周永开一生节俭，并将自己的良好作风带给了家人。他与子女约法三章，"结婚一不发请帖，二不摆婚宴，三不收礼金"。

周永开因常年身穿粗布衣服、脚蹬草鞋，被老百姓亲切地称呼为"草鞋书记"。某一年冬天，周永开因走村串户脚上长了冻疮，村里一位大娘便做了一双棉鞋送给周永开，他一穿就是十几年。后来子女们常给他买新鞋，可每次新鞋都"不翼而飞"，原来，周永开把新鞋都送给了当地村民。

再后来，有了集资修新房的机会，周永开却说："我退出，年轻人才有机会。"有领导询问他居住条件如何，他回答："群众住好了，我们才放心，大多数群众住上好房子，我们少数人差一点，我没有怨言。"

节俭，清廉这两种宝贵品质在周永开身上得到了完美展现。他说："我要干干净净地来，干干净净地去，将来离世之后还要捐出房子、存款和遗体，以此回报我们伟大的党和人民。"

勤俭不单单是一种值得推崇的生活方式，更应当是全面倡导的精神状态和人生理念。爱默生说："节俭是你一生中食之不完的美筵。"一个勤俭的人往往具有更深沉的生活底蕴，心底会生出源源不断的能量，在生活中遭遇困境和磨难时，这种力量会成为战胜困厄的武器。

✩✩✩✩✩✩✩✩✩✩✩✩✩✩✩✩✩✩✩✩

　　1937年，徐特立出任延安陕甘宁边区教育厅厅长一职，官至厅长，可他只住在一间破旧简陋的屋子里。这间屋子既是卧室，也是办公场所，里面有一铺火炕，还有办公桌和其他用品。

　　作家董纯才来到边区工作时，开始没有地方住，徐特立便把他带到了自己的住处。董纯才进屋看到堂堂教育厅厅长竟然住在炕上只有一床旧棉被的屋子，身上也穿着一般百姓的衣服时，深深为徐特立勤俭朴素的高尚品格所感动。徐特立说："简朴的生活能锻炼一个人坚强的意志，也能陶冶人的情操。"

　　1949年底，徐特立分到了房子，他高兴地让女儿把妻子接来团聚。他的房子并不大，因年久失修，地板已经腐烂，所以工作人员希望上级可以重新为他分一间。上级相关部门经过调查，发现这间房子的确太不像样，可在与徐特立商量时，徐特立却直言修补一番就可以住，拒绝了重新分配。

　　1952年，上级考虑到徐特立的房子实在太小，便打算为他再盖几间。听到这个消息后，他说："现在人民生活还有许多困难，我怎能为自己盖房子，花费人民的钱。还是等将来生产建设搞好了，人民富裕了再说吧！"

✩✩✩✩✩✩✩✩✩✩✩✩✩✩✩✩✩✩✩✩

　　节约是一种精神，党员干部要严守党规党纪，继承和发扬"勤俭节约"的传统美德，在日常工作和生活中，做勤俭节约的表率；节约是一种责任，党员干部在日常工作和生活中，要高度警醒、提高认识，时刻坚守制度和原则，把勤俭节约作为一种责任来担当、坚守；节约是一种纪律,党员干部在日常工作中要把节约作为一种纪律来遵守,要充分认识公款吃喝、铺张浪费的危害性,厉行节约的原则,按标准办事,坚决抵制奢侈浪费的不良之风。

2. 奢侈享乐是滋生腐败的温床

"由俭入奢易,由奢入俭难",一个人若大手大脚形成习惯,便很难再过节俭、清贫的生活。这句话对广大党员干部有着巨大的警醒作用。党员干部的形象就是党的形象,倘若党员干部醉心于声色犬马之中,喜好奢华生活,势必有损党组织的声誉。因而,党员干部要弘扬党的尚俭戒奢观,不断锤炼作风。

无论是生活中还是工作中,党员干部都应主动抵制各种诱惑,艰苦朴素、勤俭节约,谨记"忧劳兴国、逸豫亡身"的古训,不讲排场、不比阔气,以过硬的作风筑牢俭朴之风的精神堤坝,彰显清正廉洁的政治本色。

"一曲清歌一束绫,美人犹自意嫌轻。不知织女萤窗下,几度抛梭织得成。""风劲衣单手屡呵。幽窗轧轧度寒梭。腊天日短不盈尺,何似妖姬一曲歌。"这两首诗的作者蒨桃是宋朝名相寇准的小妾。这两首《呈寇公》,旨在"批评"寇准太过奢侈。

作为一代名相，寇准深受皇帝的器重和百姓的爱戴，然而他的私生活却十分奢华。北宋名臣司马光在教导儿子时便以寇准为反例："近世寇莱公豪侈冠一时，然以功业大，人莫之非，子孙习其家风，今多穷困。"这段话的大意是，近代以来，寇准的奢侈豪华最为出名，然而人们因为他的伟大功业不能指责他，但他的子孙后代却继承了他的生活习惯和作风，现在大多陷入贫困境地。那么，名相寇准到底有多奢侈呢？

寇准出身富贵之家，生性豪放，喜奢，更热衷于宴请宾朋。特别到了晚年时，常常在家中举办各类歌舞宴会，还让人在宅院四处点上蜡烛，甚至连厕所和马厩都不放过。当时对于普通老百姓来说，蜡烛是名副其实的奢侈之物，可寇准每天都会消耗大量蜡烛，更不用说其他物品，其豪奢程度由此可见一斑。

他的好友曾出言相劝，可他的回复是："将相功名终若何，不堪急景似奔梭。人间万事何须问，且向樽前听艳歌。"寇准深陷奢侈的生活无法自拔，最终奢侈的生活致使他被政敌攻击，最后丢掉宰相官职，被贬雷州。他的家业也随之败落，生活十分窘迫，病逝后家人竟拿不出安葬费用，实在令人唏嘘。

历览前贤国与家，成由勤俭败由奢。一个国家的兴亡与是否倡俭反奢关系密切，一个人的成败在很大程度上与是否崇俭拒奢有关。故而，党员干部要沉得下心神、耐得住寂寞，不浮躁、不骄奢，保持一分宁静和清醒，真正地当好干部、护好家门。

春秋时期，季子文官居鲁国正卿，在其三十多年执掌鲁国朝政的生涯中，他始终崇尚勤俭，反对奢侈。他一生以节俭为立身之本，更要求家人远离奢侈，过俭朴的生活。在穿衣上，他只求整洁朴素，除了朝服外没有几件像样衣衫。每次外出，他乘坐的车马也非常普通。

一个名叫仲孙的人劝他："你贵为上卿，德高望重，可听说你家里的妻妾都不允许穿丝绸衣服，也不准用粮食喂马。你自己穿得也太过寒酸，是不是太不庄重了？难道你不怕别人耻笑吗？这样做有损国家的颜面，别人会说，你身为堂堂鲁国的上卿，过的到底是什么日子啊！为什么你不能改变一下自己的生活方式呢？这对国家和你自己都有益处，何乐而不为呢？"

季子文听完淡淡一笑，正色道："我何尝不愿意把家里布置得金碧辉煌呢？可你看看百姓，很多人还吃着糙米粗粮，身着破烂不堪的衣服，甚至有些人正挨饿受冻。一想到这些，我怎么忍心为自己家里置办新物呢？倘若万千百姓都是粗茶淡饭，衣着朴素，我却把妻妾打扮得花枝招展，又用精粮喂马，还有为官的良心吗？再则，我听闻一国之强大兴盛，都是通过臣民的品格是否高洁体现出来的，绝不会以他们是否拥有华服美食、娇艳妻妾或良驹宝马来评判。所以，我怎么能接受你的建议呢？"

仲孙听了季子文的话，不禁满面羞愧，对季子文的品格也更为敬佩。从此以后，仲孙也效仿季子文，在生活上十分节俭。

"惟俭可以助廉，惟恕可以成德"，从自我修养的角度看，党员干部养成节俭的生活习惯，让自己的灵魂在节俭中得到洗涤和净化，有助于成为一个廉洁奉公的好干部。

此外，拒绝奢侈可以减少家庭不必要的开支。该买的买，不需要的坚决不买，这种看似鸡毛蒜皮的小事恰恰是培养廉洁品格的关键。如果平日里大手大脚，产生太多不必要的家庭开支，时间长了，难免会让人经受不住物质的诱惑，从而把手伸向贪腐的牢笼。

党员干部要率先垂范、躬身自奉、拒绝奢侈、培养廉洁风骨。具体来说，党员干部可以从以下几个方面入手，做到勤俭节约。

第一，转变观念。节约应作为党员干部为官从政的"基础课"。党员干部若不能体悟到"一日一钱，千日千钱，绳锯木断，水滴石穿"的深刻道理，就很难从根本上解决思想问题，也就做不到真正的节俭。

第二，树立榜样。党员干部要发挥"头雁效应"，从自身做起，在平时的一点一滴中做到勤俭节约，带头反对铺张浪费。节俭贵在坚持，它是一项长期工程，党员干部切勿做"面子活儿"，只倡导、不力行，只有口号、没有行动，这都无法真正地做到节俭。

在日常生活和工作中，党员干部可以加强宣传教育，从个体到集体、从局部到全部，树立廉洁务实、勤俭敬业的良好形象。如此，就能带动身边人和广大人民群众共同为形成全社会的节俭氛围贡献一份力量。

第三，令行禁止。在节俭上，党员干部要发挥必要的监督作用，不能只要求自己，也要监督包括亲人在内的一切身边人。发现亲朋好友、同事等人有奢侈、铺张浪费行为时，要及时制止，向他们言明节俭的意义和浪费的危害。党员干部必须意识到，节俭与廉洁同路、奢侈与贪腐为伍，若党员干部本人或身边人做不到勤俭节约，党员干部会很容易走上贪腐之路。

3. 牢记"两个务必",树立节俭之风

1949年3月,中共中央在河北省平山县西柏坡村召开了七届二中全会,在会上,毛泽东同志告诫全党:"务必使同志们继续地保持谦虚、谨慎、不骄、不躁的作风,务必使同志们继续地保持艰苦奋斗的作风。""两个务必"成了西柏坡精神的核心,更成为全党无论在革命战争年代,还是社会主义建设新时期都应始终坚守的优良传统和作风。

时至今日,保持谦虚、谨慎、不骄、不躁的作风,意味着党员干部必须在处事上低调内敛,摒弃浮躁、骄奢的恶习,廉洁自律、克己奉公;而保持艰苦奋斗的作风,则要求党员干部要始终坚定不移地厉行勤俭节约,为我党树立正面形象,并在生活和工作中身体力行,确保节俭之风潜移默化地渗透到从政思想中。

☆☆☆☆☆☆☆☆☆☆☆☆☆☆☆☆☆☆

某市人民法院副科级干警陶某便是一名抛却党规党纪,把艰苦朴素作风忘得一干二净的党员干部。

陶某在上学期间成绩优异,大学期间多次被评为优秀干部,毕业后成了一名司法干警。在法院工作的十年中,她屡次被评为先进工作者,并光荣加入中国共产党,还担任过书记员、会计、出纳。然而,一帆风顺的人生因她的思想变化而偏离正轨。

经同事介绍，陶某与一家商贸公司经理徐某相识。当两人变得熟悉后，徐某便开始向陶某借钱。陶某本人并没有太多存款，她通过向亲友借钱和挪用公款满足徐某。而徐某为了表示感谢，多次请陶某吃饭，带她出入高档场所。

起初，陶某还有防范之心，之后随着虚荣心的膨胀，加之徐某出手阔绰，她逐渐跌入万丈深渊。此后，她多次利用职务之便为徐某挪用公款，前后共计 200 多万元。案发后，陶某后悔不已，深刻体会到满足虚荣心、贪图享受带来的恶果。

审讯期间，检察机关的工作人员曾问她："作为一名共产党员、司法干警，为什么会走上犯罪的道路？"陶某无言以对，因为她知道自己在违规违纪的时候早已将党员干部应恪守的规章制度抛诸脑后了。

最终，陶某因利用职务之便挪用公款、贪污罪被判处有期徒刑 10 年零 6 个月。

☆☆☆☆☆☆☆☆☆☆☆☆☆☆☆☆☆☆☆☆☆☆☆

在物质生活获得极大改善的今天，提到艰苦朴素，也许有的人觉得"好笑"，认为那是在艰苦岁月里才应当发挥并坚守的作风，如今人们的生活好了，不再为温饱发愁了，又有什么必要继续吃苦呢？

事实上，艰苦奋斗的优良作风并不是要我们真的"吃糠咽菜"，而是在思想上保持纯洁，消除过度的物欲。勤俭节约是国家长治久安的重要精神支撑，是关系党和人民事业兴衰成败的大事。发扬艰苦奋斗的作风，树立节约之风，会改造人们的世界观、人生观、价值观，培养不畏困难、锐意进取的意志和品格。这种意志和品格不但会让普通民众受益，也会让广大党员干部在心底筑起反腐堡垒。

党员干部切勿认为"两个务必"具有时代局限性，若不能做到居安思危、戒奢以俭，等到难题和困境摆在眼前时，就会悔不当初。

✧✧✧✧✧✧✧✧✧✧✧✧✧✧✧✧✧✧✧✧

一名渔夫打算出海到远离海岸的海岛探宝，为此还多请了几个帮手，并让儿子带队，一行人带着充足的粮食启程了。临行前，渔夫对儿子说，这次你们去那里往返要十多天，天气变幻莫测，所以安全第一，至于是否能寻到宝藏，并不是最重要的。另外，我很喜欢吃锅巴，你们每天煮饭剩下的锅巴晒干后，用桐油布包起来，等你回家后我再吃，儿子点点头。

在出海途中，天气果然如渔夫预料的那样阴晴不定，时不时狂风大作、巨浪滔天，他们抵达小岛后只能暂时住在那里，等风平浪静再回返。几天后，他们选了一个晴好的天气出发，可还剩两天路程才能到家时，大家发现粮食都吃光了。就在众人绝望之时，儿子突然想起桐油布包的锅巴，于是拿出来给大家煮粥吃。就这样，坚持了两天，终于安全到家。

回到家后，渔夫对儿子说："唉，我根本不喜欢吃锅巴，主要是担心你们不爱惜粮食，饱时忘了饿时饥。"

✧✧✧✧✧✧✧✧✧✧✧✧✧✧✧✧✧✧✧✧

我们从这个故事中可以读出渔夫的智慧，体会到他的未雨绸缪。《周易》中云："君子以思患而豫防之。"意思是，君子总是会想着可能发生的祸害，从而事先加以预防。而这层深意同样适用于勤俭节约。

党员干部要坚守初心、牢记使命，去除贪图享乐、互相攀比、急功近利的不良观念，做到时时自警、自律、自省，凡事从"俭"，就可以远离腐败陷阱，扎紧制度笼子，筑起内心的廉洁"防火墙"。

第八章

廉洁从业,争做岗位先锋

　　珍惜岗位,廉洁履职。党员干部应不断加强党性修养,掌好权、用好权;不断增强遵纪守法观念,坚决不触碰党纪国法"高压线";不断强化自身建设,在工作中以身作则、率先垂范,做正风反腐的带头人。

第八章 廉洁从业，争做岗位先锋

1. 尽职尽责，不忽视每一件小事

人是组成社会的"细胞"，每个人都扮演着各自的角色，都有着需要承担的责任和履行的义务。在工作中，尽职尽责是对从业者的基本要求。

尽职尽责的党员干部总是全心全意投入工作，一心做好本职工作，没有损公肥私的杂念。而在工作中起了歪心邪念的党员干部，为满足私欲不惜损害集体利益，终会沦为队伍中的害群之马。

因而，党员干部必须把责任扛在肩头，本着"群众利益无小事"的原则，兢兢业业，尽职尽责，做好自己的分内事。

✦✦✦✦✦✦✦✦✦✦✦✦✦✦✦✦✦

罗宇华是兴宁市公安局交警大队车管股股长，从 1997 年走上工作岗位开始，他始终脚踏实地、忠诚履职，从没有忘记自己的初心和使命。

"我是一名党员，必须以身作则，起到模范表率作用。"罗宇华是这么说的，也是这么做的。在工作中，他总是冲在最前头，不断提升自己的专业能力，在业务上精益求精，因为他知道，车管股的工作与老百姓接触紧密，只有更强的业务能力才能为老百姓提供更好的服务。

罗宇华从不"以官自居"，他常出现在办证大厅等服务窗口,一切细枝末节的小事都不放过,在他看来,老百姓的事情是头等大事,没有大小之分。他说:"如何为群众多做实事,帮助群众解决好各类车管业务问题,是我们一直努力的方向。"在他的带动下,整个科室的工作人员都坚持把车管服务工作做精做细。

有了他的带领,车管股党支部被评为兴宁市公安局2019年度先进基层党组织、2021年度公安工作表扬单位。

☆☆☆☆☆☆☆☆☆☆☆☆☆☆☆☆

党员干部是否能够尽职尽责、勇于承担,是检验其先进性和纯洁性的重要标准。党员干部在工作中必须脚踏实地、勤勉敬业,努力把每一件小事都做到尽善尽美,由此才会赢得人民群众的支持和拥护。

党员干部要做到尽职尽责,首先要不断学习,主动意识到持续学习不仅是自己的事情,还是关乎着党和国家事业发展的大事。提升学习主动性,会深化思想认识,强化责任落实,当党员干部个人能力强了、本领高了,在具体的工作中总结心得,就能找到如何更好地为人民服务的"窍门儿"。

其次,要勇于担责。一名遇事不做逃兵,不因工作程序复杂而退却的党员干部,自然能肩挑重任、着眼大局,侧重于提升自己的办事效率和能力,以切实地为群众切身利益着想为内驱力。

此外,尽职尽责还意味着做好本职工作,不搞花架子、拒绝形式主义,真抓实干,把有关人民群众的哪怕再小的事,也当成头等大事、要事。

廉洁,藏在细枝末节之中。王安石说:"以小善为无益,以小恶为无伤,凡此皆非所以安身崇德。"就一个把人民放在心头的公仆,不会认为有损人民利益的事是小事,更不会为自己找"孰能无过"的借口。身为党员干部,必须擦亮双眼,看清生活中、工作中的一切小事,做到

第八章 廉洁从业，争做岗位先锋

不忽视、不漠视、多重视、多正视，才能防小贪、拒大腐。

每逢节假日，一些党员干部就成了某些人的"牵挂"。这些党员干部置身于礼物和红包的大潮之中，在这种情况下，能否坚守党规党纪，遵从三令五申的规章制度，是考验一名党员干部是否有较强党性的关键时刻。如果党员干部不重视这些小事，认为几件礼物、几个数额不大的红包只代表情义，那么用不了多长时间，这些情义就会变成"利益"。

> 某县政协原主席邹某每逢节日，都会收到他人送来的礼物和红包，他没有多想，便一一收下了。他说："我始终想做一名好官、廉官，从没主动伸手向别人要过钱。逢年过节，熟人、朋友会送来一些，我就直接收下了，毕竟数额也不大。"
>
> 在这种"无伤大雅"的心态下，十余年间，他共计收受他人贿赂达200多次，累计金额达120多万。每次送来的红包都不超过6000元，这让他放松了戒备，并不认为自己在"贪污"。他说："我根本没有捞钱的心思，如果真想贪污，就不会只贪这点钱。现在想起来，还是自己缺乏廉洁意识，忽视了小事情，才酿成大错。"最终，他被市中级人民法院以受贿罪判处11年有期徒刑，并处没收财产40万元。

"小恶"总是带有隐秘性，不易被人察觉，这也是让一些贪官在案发后"捶胸顿足"的原因之一。正如案例中的邹某一样，他本意并不是贪钱，可因为他没有拒绝一个个带有贪腐性质的红包，自认为这是小事，终而为此付出了代价。

党员干部只有看重生活和工作中的每一件小事，不忽略任何细节，全身心地投入到工作中，正己正心、正知正见，尽职尽责，才能清白做人、廉洁做事。

廉鉴：与一切腐败行为作斗争

2. 忠于职守，不做队伍里的蛀虫

党、国家和人民把权力交给了党员干部，党员干部就要严于律己、以身作则，把国家和人民利益当成心头事，时刻牢记身为共产党员的理想和信念，坚定不移、忠于职守。党员干部要时刻意识到自己肩上有重担，心中有使命，这样才能更好地为人民服务，不做党员干部队伍中的"蛀虫"。

☆☆☆☆☆☆☆☆☆☆☆☆☆☆☆☆☆

南北朝时期，北魏太武帝拓跋焘手下大臣公孙轨，是一名颇有才干的官员。年少时，随军出征拓跋焘征讨十六国残余势力，最终北魏大胜。在庆功时，拓跋焘看着广场上摆满的战利品，下令让众将士随意拿取。众将士纷纷冲到广场上拿取心仪之物。

在大家哄抢战利品之时，只有公孙轨站在原地一动不动，不像其他人那样失态。拓跋焘一看，不禁心头一震，当即认为公孙轨是一个廉洁自律的人，对他刮目相看。然后，他亲自挑了几件值钱的东西赐给了公孙轨，还号召大家以公孙轨为榜样，廉洁自律。

遗憾的是，公孙轨的廉洁自律做不到始终如一，随着他的职位越来越高，他开始走上贪污腐败之路，成为了"队伍里

第八章 廉洁从业，争做岗位先锋

的蛀虫"。

拓跋焘北伐柔然期间，让公孙轨征集老百姓的驴子驮运粮食。想不到被视为廉洁奉公表率的公孙轨却让人大失所望，居然从中占便宜，让老百姓在送驴子的同时再送一匹绢帛，否则驴子再壮都不要。

对当时的老百姓来说，一匹绢帛价值不菲，普通百姓之家又怎么能拿得出呢？一时间怨声载道，人们讽刺公孙轨道："驴子哪里有强弱之分？送上一匹绢帛就会变强壮！"

还有一次，拓跋焘让公孙轨去上党讨伐贼寇，可公孙轨全然忘记了自己的身份和职责，竟私下收受贼寇的贿赂，之后便不再理会，任由贼寇作乱。更让人大跌眼镜的是，当贼寇抢夺财物时，公孙轨也趁机捞取钱财。百姓们都说："其初来，单马执鞭；及去，从车百辆。"意思是公孙轨来的时候单人单马，手中挥舞着马鞭，走的时候却要用百辆马车拉搜刮的财物。他虽是奉命讨贼，但结果是"余奸不除"。

最终，拓跋焘看清了公孙轨的真面目，决定下令处决他。没想到公孙轨因害怕得了急病，未被处决便撒手归西了。

✿✿✿✿✿✿✿✿✿✿✿✿✿✿✿✿✿✿✿

从古至今，清官廉吏无一不忠于职守、廉洁奉公，一日为官，理应为国为民，忠诚于自己的岗位、职责和身份，不贪不占，清正廉洁。

《之江新语》中说："要不断强化'不能为'的制度建设、'不敢为'的惩戒警示和'不想为'的素质教育，努力把党风廉政建设和反腐败斗争的工作抓实做细。""前车覆，后车鉴"，贪与廉是一正一反的两个面，忠于职守的党员干部，总会首先在心里树立正向积极的目标,而后全身心地投入其中,用一生来捍卫自己的事业。

✦✦✦✦✦✦✦✦✦✦✦✦✦✦✦✦✦✦✦✦✦✦✦✦✦✦✦

张伯行,清朝重臣,被康熙赞扬为"居官清正",更被老百姓称为"天下第一清官"。他为官20多年,忠于职守。

张伯行授任山东济宁道时赶上灾荒,百姓流离失所。张伯行便命人从家中运粮救灾,还捐给百姓几船钱帛。为了赈灾,他一上任就开仓放粮,帮百姓渡过难关。然而,他却被控以"擅动仓谷"之罪,险被革职。

在福建任职巡抚的两年半时间里,张伯行依然尽职尽责,兢兢业业。在任上,他为当地百姓做了很多好事、实事,一是免税赋;二是调粮食;三是兴义学;四是移风易俗。当他离任时,百姓含泪相送,好像失去了"青天"一般。

后来,张伯行调任江苏巡抚。上任之初,他见当地吏治腐败,贿赂成风,便马上发檄文《禁止馈送檄》,禁止下属馈送财物。很快,当地的风气为之一变,官风淳正、民风一新。

康熙六十一年,张伯行奉旨参加"千叟宴",康熙称赞他是"真能以百姓为心者"。

✦✦✦✦✦✦✦✦✦✦✦✦✦✦✦✦✦✦✦✦✦✦✦✦✦✦✦

古人云:"天下至德,莫大于忠。"党员干部要立足于岗位,忠于职守,站好岗、把好关,认真履行职责,忠诚于党和人民的事业,同时保持高度的政治敏锐性和严肃性,由此才能保证一身正气,成为党员干部队伍中的一股清流。

3. 拒腐防变，不失职渎职

失职渎职也是权力腐败的一种表现。失职，即不能更好地履行自己的职责，在工作中不认真、不仔细，从而给单位造成损失；渎职，即国家公职人员未能正确看待自己的权力，借助权力为自己或他人谋利益，导致党和国家、人民的利益受损。

不管失职还是渎职，都会对集体利益造成损失，都是损公肥私的表现。在这种情况下，贪腐行为往往随之而来。

☆☆☆☆☆☆☆☆☆☆☆☆☆☆☆☆☆

杨军，沙市区人民法院刑事审判庭原庭长、一级法官，全国模范法官。在工作中，他始终恪守职业道德，清正廉洁、刚直不阿，严守纪法底线。

平日里，他总是对庭里的年轻人说："审判工作中万分之一的失误，对当事人就是百分之百的伤害。"正因为对工作极度认真，所以失职渎职的情况从不曾发生在他身上。作为法官和庭长，杨军"审判、管理"两手抓，亲力亲为，处处发挥带头作用。庭里年轻人向他请教案子，他总是毫无保留，倾囊相授；新入职的法官助理不会写文书，他会手把手地教……对待工作，杨军始终一丝不苟，尽职尽责。

作为法官，杨军经办的案子多达4000起，没有一件错判和投诉，这得益于他在工作中坚持原则，毫无私心杂念。因为职务的关系，杨军总会面对权、情、钱与法的考验，但他始终秉承"与当事人保持距离"的原则，守底线、不吃请，即便是亲戚也不例外。

某年中秋节，一个远方亲戚因为一件案子登门拜访，杨军拒不见面，他的妻子担心伤了亲戚感情，劝杨军见一面说清楚原则。杨军当即发火，说道："今天这个亲戚见了，明天别的亲戚就能找上门来，以后就可能是朋友、同学，甚至案件当事人，绝不能'开口子'。"

此后，杨军在家里定下"三不准"要求：不准为案件打招呼、不准接受送礼、不准打听案情。但凡有人上门送礼说情，或是有律师想套近乎、拉关系，杨军都是一句话——有话法庭说。

✦✦✦✦✦✦✦✦✦✦✦✦✦✦✦✦✦✦✦✦✦✦

一生择一事，一事为公正。杨军在岗言责，用自己的一言一行一举一动践行着初心使命。反观现实中个别以职谋利、以权谋利的贪腐官员，把手中的权力当作谋取私利的工具，失职渎职，违法乱纪，最终只能自食苦果。因而，党员干部必须绷紧廉洁弦，只有做到廉洁自律，才能防腐拒变，更好地立足于岗位、服务于大众。

除了党员干部对自己严格要求，监察部门也要多宣传、多督促，强调有权必有责、失职要追究，对于玩忽职守、失职渎职行为要做到发现一起、查处一起，决不姑息，以此树立法律法规的威信，确保广大党员干部自觉履职、廉洁履职。

党的十八大以来，责任和担当意识已成为一种精神、一种情操，更

第八章　廉洁从业，争做岗位先锋

是一种素质。党员干部具备这些特质，才能在岗位上干出成绩，真正成为不浮躁、不空虚，内心充盈，工作有干劲的好干部。

❈❈❈❈❈❈❈❈❈❈

某医院院长杨博（化名）是一名年轻干部，年纪轻轻的杨博清廉上进，别看岁数小，却有自己的想法。上任之初，他便组织医护人员赶赴基层"换位体验"，全面了解县、区、矿基层医院的难题，体验群众疾苦、了解患者的心声。他还倡议将下属各个医疗机构集合起来，组建医疗集团，逐步令各个下属医院重新焕发了生机与活力。

身为院长，杨博知道肩上的担子有多重，更知道作为年轻干部，必须坚守清廉做事的原则，为此他制定了"八不"原则：对待病人不吃请、不收礼、不拒患、不推诿，对待工作不离岗、不懈怠、不自满、不保守。虽然已经身为院长，杨博还是坚持一周出诊两次，为病人服务。有些病患纯粹为了表达谢意送给他礼金、礼物，他都一一谢绝了。

不管是他的父母还是子女来医院看病，都和普通病患一样挂号排队，费用也没有任何优惠。他嫂子没有工作，母亲几次三番说情，希望他能在医院帮着谋个差事，可他始终没有答应。医院打算招聘4名护士，家里亲戚的女儿报了名，经由他的审查，发现身高比标准矮了2厘米，所以未能应聘成功。医院的工作人员帮忙说情，他回道："现在应聘的是我的亲戚，如果我破例接受，这还是公开招聘吗？以后别人还怎么遵守规章制度呢？"

廉洁奉公的杨博得到了大家的认可和赞誉，他先后荣获全国五一劳动奖章、全国先进工作者、省优秀中青年专家等荣誉称号。

❈❈❈❈❈❈❈❈❈❈❈❈❈❈❈❈

严守岗位制度，保持良好的职业操守，做到廉洁从业，可以从根本上防腐拒变。每个企业、单位的规章制度中都会有关于廉洁和拒绝贪腐行为的条款，党员干部只要严格按照守则的条款做好本职工作，就不会与贪腐发生关系。

遵守职业规范，不失职渎职，既是对党员干部在岗位上的行为要求，更是其承担道德、责任和义务的体现。

在工作中保持良好的职业操守，具体包括以下几方面。

第一，讲诚信。工作中，讲诚信不但是个人素养和道德修养的体现，还能折射出一个人的价值观。个人价值观正确健康与否，直接决定了其是否会在工作中尽心竭力。

第二，遵制度。企业、单位制定的各项规章制度都是有法可依的，都会对工作过程中出现的问题和行为起到有针对性的指导和约束作用，严格遵守制度，就是在与企业、单位同呼吸、共命运。员工应把遵守制度作为立身之本。

第三，守秘密。这里的"秘密"并不局限于企业、单位的专属机密，它包括与企业、单位相关的一切，比如电话、办公用品、专有的知识产权、技术资料与其他资源等。保守秘密实质上是要求员工有职业操守，这也是确保不轻易发生"以公谋私"的重要前提。

第四，不弄虚作假。工作报告、述职报告、报销票据等，都应当实事求是，比如虚报费用、代打卡、向单位内部提供不实报告等都是严令禁止的行为。

4. 警惕"身边人",永葆廉洁心

古人云:"将教天下,必定其家,必正其身。"意思是说,想要教育感化天下人,首先要安定家族,修养好自身的品德。心理学上有一个"吸引力法则",指一个人长期处在某个领域时,与该领域相关的一切都会逐渐向他靠近。身处好的领域,吸引到周身的将是优秀的元素;身处不好的领域,就会有不良因子聚拢到自己周围。

这与"近朱者赤,近墨者黑"的意义一样。一个人的德行好,首先会改变自身"气场",也就自然会让优秀的人、事、物逐渐靠近自己;反之,身边与之为伍的皆是污浊之人,整个环境中散发的也将是污浊之气。因此,党员干部自身要够强、够硬,对待腐败要坚决反对,永葆廉洁心。

党员干部除了要有浩然正气,还要以己正人,约束好身边人。

党员干部的身边人可以划分成两类:一类是公共关系层面的人,包括同僚、上级领导、下属等工作人员;一类是私人关系层面的人,包括父母、配偶、子女以及其他亲属。这两个与党员干部紧密相连的"身边人"群体,要求党员干部格外用心看护,一旦管不好,就很难做到以上率下、不令而行。

✦✦✦✦✦✦✦✦✦✦✦✦✦✦✦✦✦✦✦✦✦

陈某原是某市财政局干部,很难想象作为国家公职人员,他居然曾因偷窃摩托车被拘留、记过,当时的财政局局长阮某对他并无好感,奈何阮某定力不够,没能擦亮双眼,在陈某的诱惑下走上了腐败的道路。

陈某善于钻营,可能是为了给自己脸上贴金,让履历看起来更光鲜,所以他积极报名支援西藏建设,其间回家休假时会特地带一些土特产去看望阮某,甚至让亲戚帮阮某张罗安装浴盆、买电视机等物,还大包大揽了很多阮某的家务事。后来,

阮某当上了副市长,等陈某从西藏调回某市后,已经被"俘获"的阮某便把原来的秘书辞退,直接把陈某调到自己身边做秘书。

八面玲珑的陈某在阮某手下可谓"如鱼得水",开始凭借阮某的器重恣意妄为、滥用职权,通过暗箱操作为阮某"进贡"。阮某对陈某的行为心知肚明,可因为有好处可拿,就睁一只眼闭一只眼,只要不太"过分"便毫不在意。

陈某很能吃透阮某的心思,一次他只是有些感冒发烧,陈某便马上安排其住院,并知会各级领导和下属"探望"阮某,更私下言明阮某需要疗养身体,最好每人表示一下心意,掏点"疗养费"。据悉,这一场小小的感冒,陈某便为阮某收到20万元,更别说其他巧立名目收取的贿赂了。最终,阮某和陈某都为自己的行为付出了代价。

像事例中的陈某这样以谋取私利为目的围在党员干部周围的"身边人",会给单位、组织带去极大的消极影响。在这类人眼中,廉洁从

业与自己无关，他们只知道哄好领导，自己的仕途和前途都将得到保障。

✦✦✦✦✦✦✦✦✦✦✦✦

  葛某是某省人大常委会原党组成员、副主任，他有一个长期给他开车的司机潘某。在葛某的评价中，潘某是个"为人老实可靠，比较忠诚，深得他信任的人"，所以"公事、私事会很放心地交给他去办。"潘某在为葛某办事上的确很用心，平日里鞍前马后，从无怨言，与葛某形成了牢固的利益共同体。

  一次，潘某向葛某提出想赚些"外快"。按理说，作为公职人员的"身边人"，是不能随意借助特殊身份和手中职权为自己谋利的。可是葛某非但不制止，还积极出谋划策，与潘某沆瀣一气。很快，一些急着攀关系、找门路的人开始盯上潘某。

  "别看他只是个司机，权力大得很！"这是很多人对潘某的评价。某一年，在为一家公司项目工程款支付提供巨大的帮助后，潘某提议将葛某一辆市价10万元左右的旧车以60万元的高价卖给该公司的法人代表，通过一番运作后，这项交易顺利达成；后来，在又一次帮助一家公司在招标工程中中标后，葛某和潘某二人共收到该公司项目经理200万元的好处费。通过葛某的权力，加上潘某的精心运作，两人又做了多起交易，在这些交易中，单次数额最多时高达300多万元。

  东窗事发后，葛某、潘某以及相关涉案人员一并站在了法院的被告席上，最终市中级人民法院以受贿罪、利用影响力受贿罪数罪并罚，判处葛某有期徒刑8年零6个月，并处罚金55万元。

✦✦✦✦✦✦✦✦✦✦✦✦

在这个案例中，葛某与潘某从工作关系发展到"朋友"关系，二人不只是上下级，更有着"心意相通"的意味，这也是葛某放任潘某肆意妄为的根本原因。党规党章以及相关政策中，一再强调党员干部要加强自身修养。反腐、拒腐的主动权要始终握在党员干部手中，所以，党员干部理应率先做到"公烛无私光"。

为了从根本上杜绝这类身边人肆意妄为，或者从根本上将这类人从自己身边剔除，不让他们有接近的机会，广大党员干部有必要从以下几个方面入手。

第一，提升自身素质，与腐败划清界限。不能廉洁从业的党员干部是因为自身先出了问题，才会让"身边人"有机可乘。《尚书·泰誓下》中云："树德务滋，除恶务本。"先律己，而后才能律人。当自身德行修为高了，也就自然会避开"德不配位"的身边人，廉洁从业也随之有了基础和保障。

第二，建立健全用人机制。在秘书、司机一类身边人的选拔上，要构建有针对性的制度体系，把贪腐源头切断，确保来到党员干部身边的人都能真正做到廉洁从业。具体方法，可以是公开考试、机构推荐等。同时，要不定期进行业务考核及综合素质考核，对于表现优异者可以考虑奖励；而不合格或违反规定者，坚决予以辞退，决不姑息。

第三，加强对秘书、司机等身边人的"权力"监督。让他们明确自己的岗位职责，做到廉洁从业。

此外，还可以通过轮岗、任职回避等制度进一步缩小秘书、司机这一类身边人的权力，以确保他们可以在岗位上按部就班，做好分内事。

5. 不义之财不可取，不法之事不可为

"君子爱财，取之有道"，想得到钱财，甚至名利，都可以通过自己的努力去求得，但要符合"道"，要遵守一定的原则和规矩。倘若获利"无道"，那么得到的必然是不义之财。党员干部如果不能遵规守纪、自我约束，在自己的岗位上做不到俯身弯腰、脚踏实地，就会做出违法乱纪之事。

廉洁从业是一种道德准则，是永恒的职业精神追求，广大党员干部务必要遵守这一准则，用纪律、法律约束自己，坚决不贪不义之财、不做不法之事。

☆☆☆☆☆☆☆☆☆☆☆☆☆☆☆☆☆☆☆☆☆☆☆

蔡京是历史上有名的贪官。早期，蔡京曾在任职期间推行社会救助制度，让底层的老百姓得到了一些实惠，做了中车舍人后，开始走上贪赃枉法之路。

蔡京十分贪恋权力，他通过钳制天子发展自己的党羽，一步步地统揽国家大事。大权在握的他甚至直接修改盐钞法，规定不得再使用旧盐钞，而且没有分毫补偿。一时间，一些富商手中的大量旧盐钞变为废纸，有些人更是沦为乞丐，更有跳水上吊者，实在害人不浅。有些正义之人很同情受损失的百姓，便上谏蔡京，却被打压，乃至全家遭殃。

此外，愈发贪婪的蔡京还会找理由领取钱粮，而后装入自己的腰包。他还大行奢侈之风，在皇帝犹豫用玉器祝寿是否太过奢侈时，他说，出使契丹时见过，契丹王还曾拿出来炫耀，既然契丹王可以用，陛下自然也可以用。就这样，他所掀起的奢靡之风导致宋朝前代积攒下的财富很快挥霍一空。

后来，蔡京被人弹劾，贬至岭南。被贬之时，他还不忘自己挖空心思积累的不义之财。他想着自己虽然被贬，可有钱财傍身总能解决很多事情。不想，从开封到长沙这一路上都没人愿意卖给他食物，他宛如过街老鼠一般。见此情景，他挥笔写下绝命诗："八十一年往事，三千里外无家，孤身骨肉各天涯，遥望神州泪下。金殿五曾拜相，玉堂十度宣麻，追思往日谩繁华，到此番成梦话。"

最终，蔡京饿死于长沙，死后被人用布裹着尸体丢于一处乱石岗。

☆☆☆☆☆☆☆☆☆☆☆☆☆☆☆☆☆☆☆☆☆

机关算尽，为谋私利不择手段的蔡京，落得个抛尸荒野的下场，实在可悲。但这也告诉世人一个道理：不义之财不可取，不法之事不可为。

金钱对每个人来说都很重要，但必须要依靠自己的双手去挣得，要走正途。《增广贤文·上集》中云："宁可正而不足，不可邪而有余。"意思是说，宁愿持身以正，使得个人利益得不到满足，也不能使用邪恶卑劣的手段，让自己获取更多利益。

☆☆☆☆☆☆☆☆☆☆☆☆

某开发区内有一个小村落，村里有一些归属集体所有的沿街店面。为了确保这些店面的价值，村委会便将其租给了个体经营者，这样可以收取一些租金，增加集体收入。

几年来，这种合作模式一直很稳定，但随着街道办事处的一次查账，却发现了一个巨大的"漏洞"导致集体资产的钱少了。这可是天大的事情，村里马上表示进行内部查账。经过一番仔细的核查，发现漏洞出现在水电费上。

村里将集体店面出租后，村里水电工每月会定时上门抄表，而后等出纳计算好费用，水电工会拿着票据去收钱，收到钱后交给出纳，出纳再交由会计入账。这个流程本身没问题，但调查却发现一家餐馆连续几个月的水电费金额都对不上。通常，只要餐馆正常营业，每个月就会产生数万元的水电费，但这家餐馆几个月来每月水电费只有寥寥数百元。仔细核查之后发现，该餐馆少缴纳的水电费多达17万余元。

村委会找到水电工师傅询问情况，水电工的回答并无不妥，他抄表后会将度数报给出纳，出纳算好后便出具发票，他拿着这些发票找租户收钱，再交于出纳。紧接着，村委会又找到这家租户，租户也提供了相关证据证明自己每月都按时且足额缴纳了水电费。这么一来，出纳就成了最大的"嫌疑犯"。

街道办事处每年会给村里拨款，通常只需要出纳开具一张发票给街道办事处做账，偶尔，街道办事处也不会严格要求村里一定给他们收据联。发现这个"空子"后，出纳员贪心大起，加上当时他迷上了一款网络游戏，所以便开始一次次地"钻空子"。

在第一次通过漏洞谋得1.5万元的不义之财后，他三不五时地就会用空白收据联换取水电工送来的水电费，每次都有1万多元。最终，把钱装进自己口袋的出纳员为自己的行为付出了代价，被市法院以职务侵占罪一审判处4年有期徒刑。

每个人都应当在各自的岗位上发光发热。面对利益时，不能忘记自己的岗位职责，单位的东西再好，利益再容易获得，也要牢记那并不属于自己，不该拿的千万不能拿。

《中庸·第十四章》中云："君子素其位而行，不愿乎其外。"在其位谋其政，在什么岗位就去做应该做的事情，不要产生非分之想、行不法之事，这也是廉洁从业的根本和内涵。

第九章

激浊扬清，筑牢廉洁防线

清风凝正气，反腐永不息。在全面依法治国和全面从严治党的大背景下，党员干部务必要吹响反腐"冲锋号"，积极投身反腐败斗争攻坚战持久战，时刻保持清醒的头脑，清白做人、干净做事，持正守廉、激浊扬清，绷紧纪律之弦，筑牢"三不腐"廉洁防线。

第九章　激浊扬清，筑牢廉洁防线

1. 正风反腐是永恒的时代主题

"祸福无门，惟人自召"，不管是清廉为本，还是贪腐成性，一个人所走的路都源于自己的选择。党风廉政建设始终是治党治国的永恒课题，身为一名党员干部，要时刻把正风反腐工作作为头等要事，坚定不移地走群众路线，谨防任何形式的腐败发生，从自身做起、小事做起，加强世界观的改造，牢记两个"务必"，提升党性修养，自觉接受组织和群众的监督，以永葆共产党员的道德情操与浩然正气。

正风反腐，任重道远，每一名党员干部都应加强廉政学习。无论在生活中，还是工作中，党员干部总会面对各种各样的诱惑，稍不留心就会陷入不法之徒用心布设的陷阱，被"糖衣炮弹"击垮。因此，党员干部要时刻绷紧廉洁自律之弦，避免放松警惕，被贪腐吞噬。

✰✰✰✰✰✰✰✰✰✰✰✰✰✰✰✰✰✰

"一碗豆腐汤，一生为民情"，这句话用在"三汤道台"汤斌身上再合适不过。汤斌一生刚直不阿、廉洁自律，死后家里只有八两俸银，连买棺椁的钱都没有。

汤斌清廉耿直、严于律己，从不接受任何人的礼物和馈赠。

当时汤斌在苏州任职。离开苏州时，百姓痛哭不已，并自发为他筹集路费。对此，汤斌十分感动，但对于一些官员和百姓的馈赠则分文不取，带走的东西除了一些书外，还是来苏州赴任的物品。

廉洁刚直的汤斌对趋炎附势之人深恶痛绝，当时明珠是大学士，在朝中掌有重权。一次朝廷免了江南赋税，有人告诉汤斌，这都是明珠在其中下了"苦功"换来的结果，江南百姓应当有所"表示"才行，汤斌自然不予理会。当考核全国官员时，其他省份的官员载金载银地送到明珠的府上，唯独没有汤斌。

汤斌一生行事光明磊落，崇廉拒腐，从踏入仕途之日起便牢记清廉，从不贪图享乐。早在顺治年间，在陕西潼关道和江西岭北道任职时，他三餐都以豆腐汤为菜，生活十分简朴，也由此被当地人送了个"三汤道台"的雅号，以此来称赞他的清廉。

汤斌是大德之人，至雍正时期，他的牌位进入了贤良祠。乾隆元年，被赐谥号"文正"。

廉洁是一种可贵的精神品质，也是一种价值取向，历经千年的文化积淀，已成为一种高尚的内在品格和道德标准。在正风反腐工作中，党员干部不能落实中央八项规定，不能以身作则、作出表率，无法遵从"照镜子、正衣冠、洗洗澡、治治病"的总要求，扎不紧欲望的牢笼，就必然会被享乐主义、奢靡之风打垮。

某市场监督管理局的一名工作人员，以指导服务为名收受某餐饮业主的中华香烟，而后变卖，将所得钱款用于个人生活开支；还多次在春节期间接受其他餐饮业主的宴请，最终被给予党内严重警告处分。

某市水利局副局长在上班期间总是旷工外出，与当地一家公司的总经理"喝茶"谈事，他利用职权为那家公司的总经理行方便，从中获得私利，最终被免去副局长职务，以受贿罪被判处3年有期徒刑。

某审计局局长高某未经局领导同意，利用公休假携带私人护照去往迪拜旅游，违规报销个人出国费用近3万元；同时他还唆使办公室主任采取虚开发票的方式，套取公款达44万元，这笔钱被他用于高标准接待、逢年过节赠送礼金礼品以及私人聚餐消费等，严重违反了中央八项规定精神。最终，高某受到了留党察看两年和行政撤职处分。

✿✿✿✿✿✿✿✿✿✿✿✿✿

从上述几个案例可以看出，党员干部守不住底线，把党规党纪视同儿戏，心存侥幸，认为自己的行为并不会对组织产生多大影响，是导致他们违反各项规定，从而招致处罚的根本原因。

反腐从来都没有"禁区"，腐败也不存在"特区"，无论职务多高、权力多大，在法律面前人人平等。而在正风反腐工作中，更不允许出现"法上之权""法上之人"，只要有人触犯国法党规，都必须严惩，决不姑息。

2. 修身慎行，恪守"从政八德"

崇尚道德作用、重视从政道德的传统自古有之，孔子在《论语·为政》中说："为政以德，譬如北辰，居其所而众星共之。"在这里，孔子将德行作为治国之本。治大国需德，作为一名党员干部也应当有高尚的道德，自身德行不够，又如何能做好本职工作，成为人民的"勤务兵"呢？

孝、悌、忠、信、礼、义、廉、耻，被历代儒客尊崇，为人生"八德"。这"八德"也应当作为党员干部的"从政八德"。

孝

中国历来推崇孝道，而廉洁为官便是最大的孝。个别党员干部对孝的理解有失偏颇，认为让父母享受物质生活便是行孝，但其实真正的孝是要让家族有荣光。

悌

《弟子规》中说："弟子，入则孝，出则悌"，这里的"悌"放在今天来说，可以引申为对待朋友要相互团结，要与善人交，与贤良之人为友，把恶友、损友剔除在自己的"朋友圈"之外，避免被居心叵测之人拉向贪腐的深渊。

忠

忠，即尽忠，这包括忠于党、忠于国家、忠于人民。《忠经·天地神明章第一》中说:"天下至德,莫大乎忠。"一个尽忠职守的人,不会为外物而动摇自己的信念,在任何情况下都始终与党保持高度一致;会急群众之所急,真正地为群众办实事、办好事;在事业上也会有奉献精神,力求把每项工作做到尽善尽美;会忠于原则,与他人交往守底线、做事依托心中的准绳,不会做违反规章制度的事情,不会在任何利益和诱惑面前左右摇摆,会时刻保持警惕,廉洁从政。

✰✰✰✰✰✰✰✰✰✰✰✰✰✰✰✰✰✰✰✰✰✰

王瑛,巴中市南江县委原常委、纪委书记,先后荣获全国纪检监察系统先进工作者标兵、全国优秀共产党员、最美奋斗者等称号。

她是一个忠诚果敢的共产党员,以高洁的品格在广大纪检监察干部心中树立了光辉形象。

一次,南江县委收到一封举报信,内容是某民警在办案中玩忽职守致人死亡却逍遥法外。王瑛知道后,即便旁人说案子复杂,她也果断地说:"既然老百姓有反映,我们就必须迅速行动,查个水落石出!"

在调查过程中,王瑛的确遇到了许多阻力,但她毫不畏惧,并说:"邪不压正,我们是正义的,不怕!"最终,她的奋战得到了回报,涉案人员受到了法律的惩治。

王瑛深知自己的工作会让个别人"不舒服",可她并不后悔,她说:"我知道我得罪了很多人,但我从没得罪'纪委书记'这个称号。"

在巴中这片土地上,王瑛总是俯下身子弯下腰,深入基层为民解忧。她自掏腰包帮扶贫困百姓;节衣缩食支持农村孩子上学。她曾说:"尽心尽意为群众做事,是我们党员干部的天职。"

20余年的傲霜斗雪,王瑛展现了共产党员对党绝对忠诚的政治品格，树立了一面优秀共产党员的光辉旗帜，让后来者可以紧紧跟随。

信

"人无信不立"，信即信用、诚信。一个言而有信的人，在社会中自然会充满力量。对党员干部来说，"信"更有着非凡的意义。

讲诚信的党员干部首先会是个尽忠职守的人，他们对人民没有欺骗，对国家也始终有一颗赤诚之心。正如孔子所说："言忠信，行笃敬，虽蛮貊之邦，行矣。言不忠信，行不笃敬，虽州里，行乎哉？"只要讲诚信，在文化落后的地方也可以行政令；反之，若不讲诚信，即便在开明之地，政令也是行不通的。

此外，讲诚信的党员干部也会是个重德之人，他们有良好的政治品质和思想道德，行得端、做得正，在处事上力求公平，不会假公济私。

礼

《荀子》中说："人无礼则不生，事无礼则不成，国家无礼则不安。"礼是礼节，也是礼貌，更是各种规定和法纪。党员干部应知礼、懂礼、守礼，即做法纪规矩的遵守者、守护者，而不是破坏者、逾矩者。遵"礼"，就是要求党员干部端正思想，克己制欲，思想行为应合乎法度。

义

从字面来看，义即义气。"万事莫贵于义"，这里的义并非所谓的"哥们义气"，而是正义感，甚至是民族大义。孟子云："生，亦我所欲也；义，亦我所欲也。二者不可兼得，舍生而取义者也。"舍生取义，这是多么崇高的美德、品质。孔子也说："君子喻于义，小人喻于利。"广大党员干部要树立健康的"义利观"，正确看待义与利的关系，在从政上以大义为先，重义而轻利，这样才能保持淡泊宁静的心态，视名利为浮云。

第九章　激浊扬清，筑牢廉洁防线

廉

廉，即廉洁、清廉，这是为官之本、从政之基。从古至今，清官名垂青史、贪官遗臭万年，廉洁已经成为评判一名从政者是否合格的标尺。对党员干部来说，廉洁仍然是一种至关重要的施政品质，廉洁是一种素质，更是一种能力。常葆清廉之心，廉洁从政，是党员干部保持纯洁政治本色的根本。

☆☆☆☆☆☆☆☆☆☆☆☆☆☆☆☆☆☆☆☆

明代廉官范景文，历任兵部侍郎、工部尚书等重职、要职，当时很多亲戚朋友屡屡登门拜望，实则是"无事不登三宝殿"，但皆被范景文一一拒绝了。为了表明自己的清廉之心，也为了避免亲朋好友们再次登门请托，他故意做了一块牌子放在衙门口，上面写着六个大字："不受嘱，不受馈。"还声明如有人违反，别怪他翻脸无情！

老百姓对他的做法大为赞赏，尊称他为"二不公""二不尚书"。后来，有人感慨于范景文的廉洁和正直，特地为其写了一副对联："不受嘱，不受馈，心底无私可放手；勤为国，勤为民，衙前有鼓便知情。"

☆☆☆☆☆☆☆☆☆☆☆☆☆☆☆☆☆☆☆☆

耻

"人须知耻，方能改过"，这里的耻即羞耻。人要懂得羞耻，有羞耻心，不去做那些昧良心、不合理的事情。耻与廉在一起，即是"廉耻"，顾炎武说："廉耻者，士人之美节；风俗者，天下之大事。朝廷有教化，则士人有廉耻；士人有廉耻，则天下有风俗。"党员干部要有羞耻心、知廉耻，此正是"知耻而后勇"。所以，善于自我纠错的人，也是善于自觉正己、修身，建立一种内省思维模式的人，也就自然不会向利益低头，在诱惑面前弯腰。

3. 防止权钱交易，守住廉洁底线

党员干部在权力运行的过程中，有时候会遭遇各种各样的"阻碍"，这些"阻碍"多半是人为使然，是有些心怀不轨之人想要干涉权力，或让权力为自己谋利，继而想出各种阻碍权力正常运行的方式。

通常，以利换权是他们惯用的伎俩。为了达到目的，他们会想方设法与权力持有者搭上关系，而后许以丰厚的回报，这种开门见山的方式偶尔奏效，但多数时候会被断然拒绝，于是他们便为这些真金白银披上了朦朦胧胧的外衣，让人难以辨明本质。不少党员干部正是在这个阶段逐步堕入腐败陷阱。

俗话说，"你有千条妙计，我有一定之规矩"，无论心怀不轨之人用什么样的行贿方法，内心坚定，能够守住廉洁底线的人绝不会为之所动，他们会恪守原则，因为他们有一颗清廉之心，会自觉筑牢防腐堡垒。遗憾的是，在党员干部队伍中，存在少数意志不坚定，闻"利"而动的人，对他们而言，不论是披着迷幻外衣的贿赂，还是真金白银，只要自己有"能力"得到，就绝不会手软。

陆某和沈某分别是某县看守所所长和教导员，均为二级督查。身为国家公职人员，他们却知法犯法、以权谋私，搞起了钱权交易，私下收受贿赂，让犯人外出，严重影响了党员干部的形象。

在押犯人王某因挪用资金罪、虚报注册资本罪被某市中级人民法院判处7年有期徒刑。但在法院将执行通知书送达看守所后，陆某和沈某竟然在明知判决书已发生法律效力的情况下，拒不将犯人交付监狱执行，反倒批准王某保外就医的要求，并为其开具虚假病情证
明。而后，两人还为王某填写《罪犯保外就医申请表》，报送给有关部门。

陆某和沈某为什么这么做？原来，在王某被定罪之前的几个月里，陆某先后收受王某亲属近11万元的贿赂。他收到钱后有些害怕，为了"保险起见"，便把沈某叫到一家茶楼，道明了此事，但却谎称王某家属只送了1万元。他为了表现自己的"大方"，当场拿出1万元，分给沈某一半，得到好处的沈某当即表示绝不声张。

除了收受真金白银，陆某还收到王某家属送来的价值1万多元的中华香烟，而沈某则收到近万元人民币和一部手机及若干条中华香烟。最终，两人被检察机关查处。

经审理后得知，陆某和沈某得到王某家属送来的"好处"后，多次利用权力非法允许或安排王某与他的多名亲属在看守所、宾馆、医院等地见面，甚至还擅自批准王某返回老家。知法犯法的陆某和沈某终究难逃法律的制裁，二人被检察院批捕后，经检察机关收集证据，最终判处陆某12年有期徒刑，沈某2年有期徒刑。

徇私舞弊，利用权力为自己谋利、为他人行方便，严重违反了党规党纪。党员干部要谨记一点：权力永远不能与金钱挂钩，二者一旦发生纠缠，必然会导致贪污腐败的发生。因此，党员干部务必要坚守道德底线、守住廉洁底线，思想上不松懈、意志上不动摇，杜绝一切违法乱纪行为，与邪恶念头和居心不良者划清界限。党员干部应当学会控制个人私欲，做到克己复礼，如此才能行得正、站得直、坐得稳，做什么事情都能理直气壮、堂堂正正。

党员干部若是打开了欲望之门，就等于放出了贪婪无度的猛兽，便无法自我约束，眼睛里只有名与利，慢慢地会形成扭曲的人生观、价值观，最终被欲望所吞噬。

✫✫✫✫✫✫✫✫✫✫✫✫✫✫✫✫

程某是某市区委原秘书长，他本来是一名基层干部，在党组织的悉心栽培下，一路晋升，担任过很多重要职务。他在乡镇担任领导期间，工作有声有色，所在乡镇也一跃成为全市最发达的乡镇之一。然而，当职位越来越高，得到的赞誉越来越大，他的心态开始发生巨大转变。

在出任某市区委常委、区人民政府副区长期间，程某与当地交通运输局副局长薛某成了"朋友"。薛某时常把程某约出来吃饭、打牌，在打牌时故意输钱，还总是买一些昂贵的海鲜以及熊胆、冬虫夏草等礼物送给程某。当二人的关系越走越近时，薛某曾借着程某过生日之际，一次性送给程某50万元作为"贺礼"。

程某以为自己交上了一个出手阔绰的"朋友"，但对方并不真心把他当朋友。很快，薛某便希望程某能在自己的单位里稍加"运作"，让自己承接一些项目。程某爽快地答应了，而他也在其中得到了不少"牵线费"。

而后,程某不再"被动",他主动结识了一家建筑工程公司的总经理。一次晚饭后,对方直接把一个装有20万元现金的黑色袋子放在他的车上。作为"交换",程某也屡屡为其批工程、揽项目,可谓把以权谋私发挥到了极致。

☆☆☆☆☆☆☆☆☆☆☆☆☆

"贪婪者总是一贫如洗",他们因为贪心而失去本心,从而走上贪腐之路,堕入万劫不复之地。他们只有在贪婪的那一瞬间看起来是"富有"的,可一旦真相大白于天下,所有的丑陋就会暴露在世人眼前,他们终究会一败涂地,变得一无所有。

《吕氏春秋·忠廉》中云:"临大利而不易其义,可谓廉矣。"真正的廉洁是面对利益而不改变自己坚守的信念和初心,永葆健康的义利观,做到洁身自好、公正清廉。党员干部要强化政治意识,把不断学习作为提升本领的手段,并将其作为防腐拒变的有力武器,抵御一切私欲和利益的不二法宝。党员干部只有从内心深处认识到贪腐的危害,才能够防微杜渐,将洁身自好的种子深埋于廉洁的土壤之中,培育其成长为一棵象征着清廉的参天大树。

4. 坚决不搞特殊化

权力再大,也要牢记这份权力是党和国家、人民赋予的,不是私有化的东西,要低调用权,且用权为公,坚决不因为手中掌权而搞特殊化，否则有违党和国家、人民的托付。党员干部是从群众中走出来的普通一员，无论何时都要坚定不移地走群众路线，把权力用在为民做主、为民办事上，要识大体、顾大局。

王建安将军从不搞特殊化。有一次，他和战士们一起看电影，部队领导知道王建安年龄大了，特地为他准备了桌椅和水杯，而战士们却直接坐在地上。王建安看着士兵们的样子不免有些心疼，当场毫不留情地大骂了部队领导，接着自己亲自搬了一个小板凳坐在战士们中间。

王建安不搞特殊化还表现在对待自己的孩子上。进入晚年，他和老伴只能相互搀扶，因为孩子们都在外地工作，只要他点头，孩子们马上就会被调到他身边，但王建安并没有这样做。老伴也曾劝过他，但他始终坚守自己的原则，希望孩子们可以在自己的岗位上做出贡献、发光发热，毕竟国家建设才是最重要的。

个别党员干部存在"官本位"的思想，便认为权力"姓私"，是属于个人的"私有物品"。这种不健康的思想催生了各种各样的特权现象，一些干部大搞"一言堂"，甚至在重大问题、重要决策、重要职务的任免、大额资金的使用等方面也一个人说了算。直到违规违纪，被相关部门查处后才如梦初醒，意识到自己在一开始就走上了歧路。

党员干部要始终牢记自己只是千万党员中的"普通一员"，是一名人民公仆，手中权力为民所赋，必须为民所用，如此才能保证初心不变。必须切断享特权、搞特殊的念头，清白做人、干净为官。

吕居永，曾担任宁德地委书记、省人大常委会农经委主任。他是一名心系人民、忠诚于党的好干部，从不搞特殊，更不许家人享特权。

吕改秋是吕居永的女儿,1973年到福安农村插队五年后返城。那时吕居永是福安县委的主要干部,若动用权力为女儿优先安排工作,可谓小事一桩。然而,他说自己的女儿可以到艰苦的岗位历练,不能搞特殊化。

吕改秋中学时是校学生会主席,品学兼优。她听从父亲的教导,在福州西湖宾馆做了一名普通服务员。

吕改秋在西湖宾馆当了七年服务员后,凭借自己的本事考入省财贸干校会计专业,毕业后成为一名会计。再后来,她进入东南卫视,事业更上一层楼。

姐姐吕小梅曾说:"每当我想起妹妹工作的事,心潮总难以平静,父亲的教导看似严厉,不近人情,但我明白共产党守江山,守的是民心,要永远和人民紧密联系在一起,不能说一套做一套。干部子女与百姓子女机会同等、待遇同等,社会才会公平,民心才会稳定!"

2020年,吕家在职的三名党员分别被所在单位授予优秀党员、先进工作者称号。同年12月,吕家被省直机关评为"文明先进家庭"。

在吕居永的影响下,吕家后代均在各自岗位上勤勉奉献,不搞特殊,不躺在父母的功劳簿上,通过自己的努力实现着自己的人生价值。

☆☆☆☆☆☆☆☆☆☆☆☆

享特权、搞特殊,严重背离了党的性质和宗旨,更是导致腐败的一大诱因,危害巨大。

特权与腐败之间没有鲜明的界限,很多腐败行为都是特权催生的。

那些运用权力为己谋利的人多会以一种高姿态出现在人前,他们不以为耻、反以为荣,其影响之恶劣不言而喻。这类人模糊了权力运行的范围,疏远了党群关系,严重影响了党和国家的公信力与形象。

由此可见,筑牢反特权思想防线、强化制度约束、消除特权现象及特权行为势在必行。首先,党员干部自身对权力要有正确的认识,同时结合党史多学习,可以通过诵读红色家书、重走红军路等方式从思想上扭转不良认知,做到知廉耻、知荣辱;其次,对于越权及滥用职权等行为,上级部门一经发现必须严惩,由上而下地落实监管制度,没人可以成为法外之人。通过这种第三方监督,可以有效避免特权现象,让奉行"有权行天下"的不良分子无所遁形。

5. 让廉洁成为一种习惯

良好的习惯对一个人的健康成长至关重要。党员干部在从政过程中,要养成廉洁的习惯,以此筑牢防腐堤坝,不让丝毫污浊之气玷污纯净的心灵。

提升修养是广大党员干部一辈子的事,在这个过程中,廉洁的生活方式、工作方式以及处世方式应当伴随始终。正心慎行、以廉为本,持续提升勤政、廉政思想理应成为党员干部的日常修身课。当廉洁成为一种习惯，人就会做到无私无欲、内心丰盈，即使清贫也傲然！

✫✫✫✫✫✫✫✫✫✫✫✫✫✫✫✫✫✫✫

杨善洲是一名忠于党和国家、人民的党员，他一生忠于党的事业，一颗心都扑在了为人民服务上。

杨善洲在任云南省保山地委书记期间，带头发展粮食生产、推广科学种田、兴修水利建设等，硬生生地把深山大沟变成了举国闻名的"滇西粮仓"。退休后，他依然不想进城享清福，而是带领群众坚持义务植树20多年，建成了5.6万亩的大亮山林场，形成了难得的生态屏障。

"老当益壮，宁移白首之心"，退休的杨善洲依然一心为党、为国、为民，真真正正做到了"清贫一辈子、奉献一辈子、奋斗一辈子"。而直到他去世后人们才发现，这位正厅级退休干部的"存款"还不足1万元。当初他在老家盖起的新瓦房，所有家当加起来却不过一张简易床、一张学生用的书桌、两个小坐凳、一个火盆、一把熏满火烟的烧水壶；还有煮药用的两个小罗锅、四个小碗；一顶草帽、一把砍刀、一支烟斗……

看起来很"穷"的杨善洲其实十分"富有"。有人曾给杨善洲算了一笔账：整个大亮山林场大概有1120万棵树，即便按照一棵30元的最低价算，总价值也超过3亿元！不过他毅然将"这笔钱"无偿捐给了国家，甚至还拒绝了绿化大亮山应得的高额提成和奖励，就连市里给他的20万元奖金，他也捐出16万元，只留下4万元用于老伴儿的养老。而他的女儿女婿还是每天上山种地、喂牛、打猪草，孙子们开着农用车跑运输……

✫✫✫✫✫✫✫✫✫✫✫✫✫✫✫✫✫✫✫

真正把廉洁刻在骨子里的党员干部，用自己的一生践行何为"家国情怀"。他们把党和国家、人民摆在首位、放在心头，将清正廉洁作为为官者的政治信条，与之相比，名与利当真轻如鸿毛。

清朝有一位人称"帽子官员"的地方官，他因为勤政爱民，坚决抵制歪风邪气而深受百姓爱戴。逢年过节，当地百姓总会自发地购买一些礼物给官员送去，但因为条件有限，百姓所送的都是些普通的日常用品，不是金银珠宝一类的昂贵礼物。这位"帽子官员"每次都会收下礼物，然后逐一记录，接着让人统一送回去。

对于自己的这番举动，他曾解释道："我若不收下礼物，百姓一定不愿离去，甚至会认为我嫌弃他们所送的礼物不贵重，而且他们为了让我收下礼物，下次很可能倾其所有购买礼物，这是我最不想看到的。所以，我暂且收下他们的礼物，只不过是权宜之计，怎么会真的收下呢？那样做的话，无疑是对我乌纱帽的亵渎。""帽子官员"说到做到，他已经让廉洁成为一种习惯，在他任职的几年中，通过这种方式拒收的礼物多达数百件，没有一件礼物进入他自己的腰包，全部都物归原主了。

不拿不义之物、不贪不义之财、不起非分之心，这是一种品格和处世风格，更是一种人生境界和节操。党员干部想要让廉洁成为一种习惯，不妨从以下几方面做起。

第一，为自己立规矩。党员干部要对自己提出更高的要求，严格管理、严格监督，通过自我控制、约束和纠错，逐步提升个人修养，在思想上意识到廉洁奉公的根本意义，并主动把自己置于监督之下，通过外界的约束和内在的修炼，双管齐下，确保能以廉洁的作风从政、以廉洁的形象示人。

第二，牢记权力即责任。党员干部手中的权力取之于民，所以要担起用之于民的责任。权力从不归属于某个人或集体，它永远属于人民，也永远只为人民服务，党员干部只是它的"行使者"，并非所有者。同时，在行使权力时，要以为民谋福、用权为公为原则，在个人利益与集体利益发生冲突时，要毫不犹豫地把集体利益放在首位，必要时可以牺牲个人利益。唯有此，才能从思想深处根除贪欲，永葆廉洁。

第三，加强学习、提升修养。学习是一个积累的过程，更是强化思维的过程，党员干部多学、苦学党政文化，自然会强化廉洁思维，逐步提升修养，从而就能逐渐把廉洁渗透到内心深处了。

"清廉在德，廉洁在志。"党员干部需坚定信念，提升约束力，提高自我警觉力，让廉洁成为一种习惯，才能做一名真正为生民立命的"公仆"。

6. 不忘初心、牢记使命

作为党员干部，要始终铭记初心和使命，从自身做起、从身边的一切小事做起，忠诚于党、忠诚于国家、忠诚于人民，要发自内心地执着于自己的理想信念，做到一心一意、知行合一，在任何情况下，面对任何诱惑都不改初心、不易其志。

《诗经·大雅·荡》中云："靡不有初，鲜克有终；不忘初心，方得始终。"对党员干部而言，初心是最终的目标，就是为中国人民谋幸福、为中华民族谋复兴。要想达到这一目标，就要求党员干部时刻检视初心、锁定方向，脚踏实地地走下去，用实际行动磨砺初心、完成使命。

一个人也好，一个政党也好，最难得的就是历经沧桑而初心不改、饱经风霜而本色依旧。"初心不改、本色依旧"，这应当成为每一名党员干部铭刻肺腑的金玉良言。初心易得，贵在践行，党员干部始终要保持务实之风，杜绝搞形式主义、做表面文章，要一步一个脚印地落实初心、执政为民、以己为仆。

☆☆☆☆☆☆☆☆☆☆☆☆☆☆☆☆☆☆

周小贺是安陆市植保站站长，他荣获中央电视台年度"三农"人物奉献奖，但去北京领奖的只有他的妻子和女儿，因为他在颁奖前一年的抗旱及病虫害防治一线连续奋战8天，不幸殉职。在颁奖现场，还演出了以他为原型的话剧——《草帽站长》。

为什么叫这个名字？当地的农户说："我们有什么情况打个求助电话，他戴个草帽子就来了，我们叫他草帽站长。""草帽站长"是大家对他的亲切称呼。

周小贺在长达31年的时间里，一心扎根基层，还组建了"安陆农业110服务队"，截止到他去世前，已经为农民解决难题数万人次，挽回经济损失近千万元。他用自己的一言一行践行着一名共产党员的初心和使命，无怨无悔。

在长达31年的辛勤付出过程中，周小贺的书柜里堆满了各种笔记，笔记里面记录着16个乡镇的田野检测观察数据。为了下乡监测，他时常和同事们一大早就骑着自行车进村，每

第九章 激浊扬清，筑牢廉洁防线

天要走访六七个村子，夏日炎炎，几个人浑身是汗。

周小贺的业务水平很高，同事们都说："在安陆，有农作物病虫害，如果周小贺解决不了，没有人能解决得了。"他算得上是农民的"财神爷""及时雨"，不过他自己却甘守清贫，手机已经用得掉漆，破壳了也不舍得换；买房时欠下的2万元，他整整还了10年。

☆☆☆☆☆☆☆☆☆☆☆☆☆☆☆☆☆☆☆☆☆☆☆☆

只言片语无法将发生在周小贺身上的所有事情详尽表述，不过我们可以感受到他是如何以己为仆、以民为本的。我们的党员干部在新时代是否能拿出新担当，在实践中勇承使命，在新征程上无悔奋斗，某种程度决定了我们能否持续在实现中华民族伟大复兴的道路上阔步向前。

要想真正做到初心不忘、坚守使命，就务必要紧绷正风反腐之弦，永葆清正廉洁本色，因为这是党员干部的从政之基，也同样是培植初心、孕育使命的摇篮。

☆☆☆☆☆☆☆☆☆☆☆☆☆☆☆☆☆☆

"唯有不忘初心，才能牢记使命。对我来说，帮助需要帮助的人，是一种莫大的幸福！"这句话出自"七一勋章"获得者李宏塔之口，他是第十一、第十二届全国政协委员，安徽省政协原副主席。

20世纪90年代，李宏塔常去相对落后的皖北农村，每次下乡从不提前告知，进了村子后会坐在老百姓中间，倾听他们的心声。在走访中，他更是事无巨细，会查看老乡家的米缸，询问各种细节，以全面了解情况。

李宏塔常把"我们多一点辛苦，群众就会减少几分痛苦。何乐而不为？"这句话挂在嘴边。在走访中，他没有官架子，一心为公，切切实实地为老百姓办实事。他还把日常工作归纳为:"视孤寡老人为父母,视孤残儿童为子女,视民政对象为亲人,这是新时代的'铁肩担道义'"。

2003年夏,淮河、滁河流域出现汛情,李宏塔很快组织人员察看灾情。他走进受灾群众暂住的帐篷时,一股热浪瞬间袭来。测试之后,才知道里面的温度达到50℃。随后,李宏塔让工作人员迅速调整安置方案,重新转移安置灾民。

一心为民的李宏塔,以实际行动践行着"民政为民"的使命初心。他说:"回望我们党100年波澜壮阔的历史进程,多少老一辈革命家,在战争年代、在和平建设时期,付出了自己的汗水、心血,甚至牺牲了生命。跟他们比起来,我仅仅是做了党员干部该做的事情。"

做人民的勤务兵、好公仆,绝不能只是嘴上说说,而是要有实干精神。党员干部始终要深入学习贯彻党的二十大精神,并厘清廉与政、廉与严、廉与洁、廉与贪的关系,在思想上自我鉴定、固本培元,确保政治思想素质的持续进步。